LOS LIBROS DE LA BIBLIA EXPLICADOS EN GRÁFICOS

ANTIGUO TESTAMENTO

LucasLeys &
EmanuelBarrientos

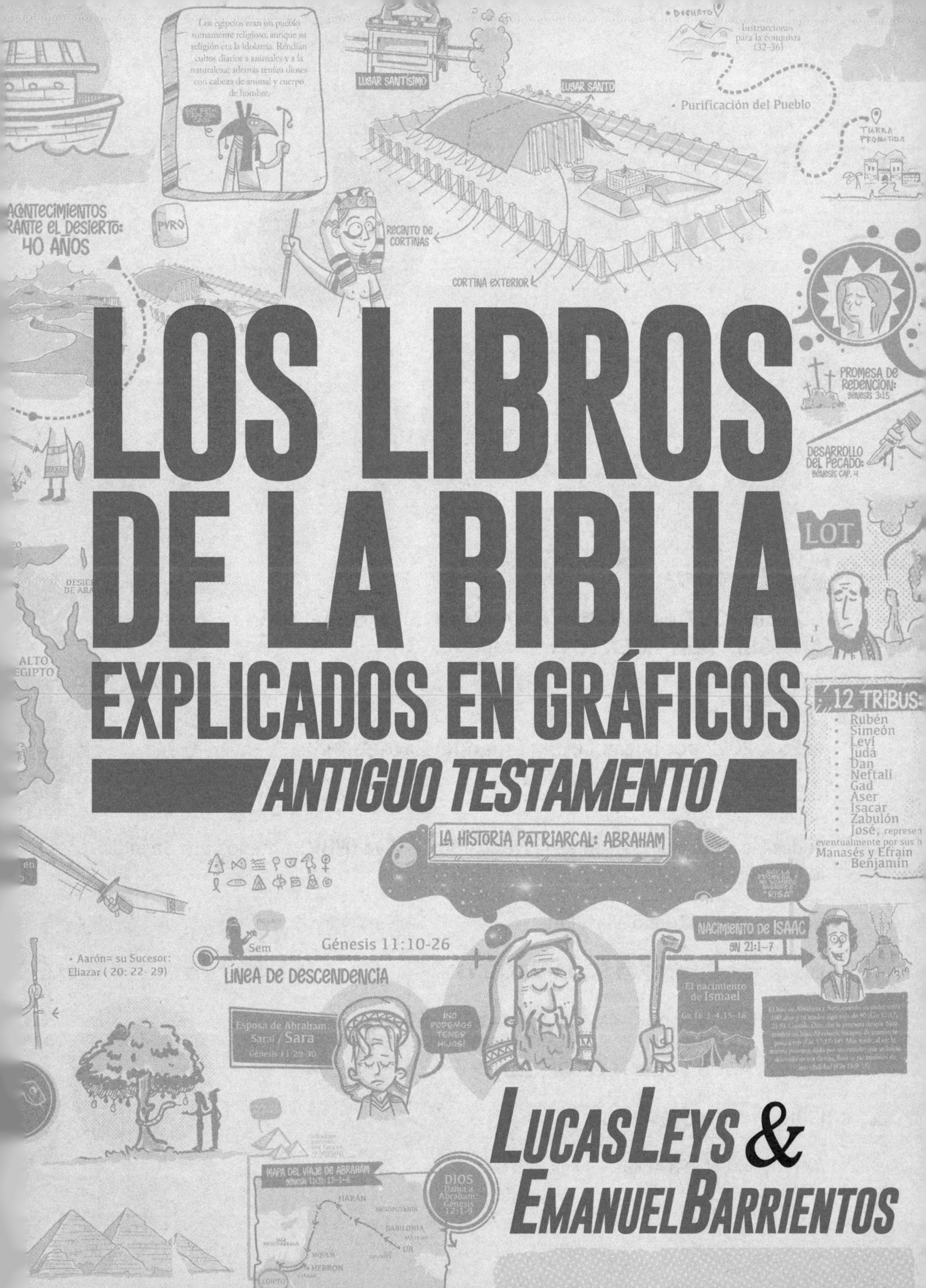

LOS LIBROS DE LA BIBLIA EXPLICADOS EN GRÁFICOS

ANTIGUO TESTAMENTO

LucasLeys & EmanuelBarrientos

e625.com

LOS LIBROS DE LA BIBLIA EXPLICADOS EN GRÁFICOS - ANTIGUO TESTAMENTO

e625 - 2022

Dallas, Texas

Todas las citas bíblicas son de la **Nueva Biblia Viva (NBV)** a menos que se indique lo contrario.

Editado por: **Marcelo Mataloni**

Ilustraciones por: **SQUARETOONS**

Diseño interior y portada: **JuanShimabukuroDesign**

ISBN: 978-1-946707-66-6

IMPRESO EN ESTADOS UNIDOS

CONTENIDO

LUCASLEYS

EMMANUEL
BARRIENTOS

DESDE EL GÉNESIS

HASTA APOCALIPSIS

1 LA BIBLIA CONTIENE CASI **1.200** CAPÍTULOS

5 BUY NOW

ES EL LIBRO MÁS VENDIDO EN LOS ÚLTIMOS 50 AÑOS

CON MÁS DE 3.900 MILLONES DE COPIAS

2 TAMBIÉN CONTIENE CASI **30.000** VERSÍCULOS

4 LA BIBLIA OCUPARÍA **8 VOLÚMENES** DE SER IMPRESA EN EL PAPEL Y TAMAÑO DE LETRA USADO EN LA MAYORÍA DE LOS LIBROS

3 Y CERCA DE **770.000** PALABRAS

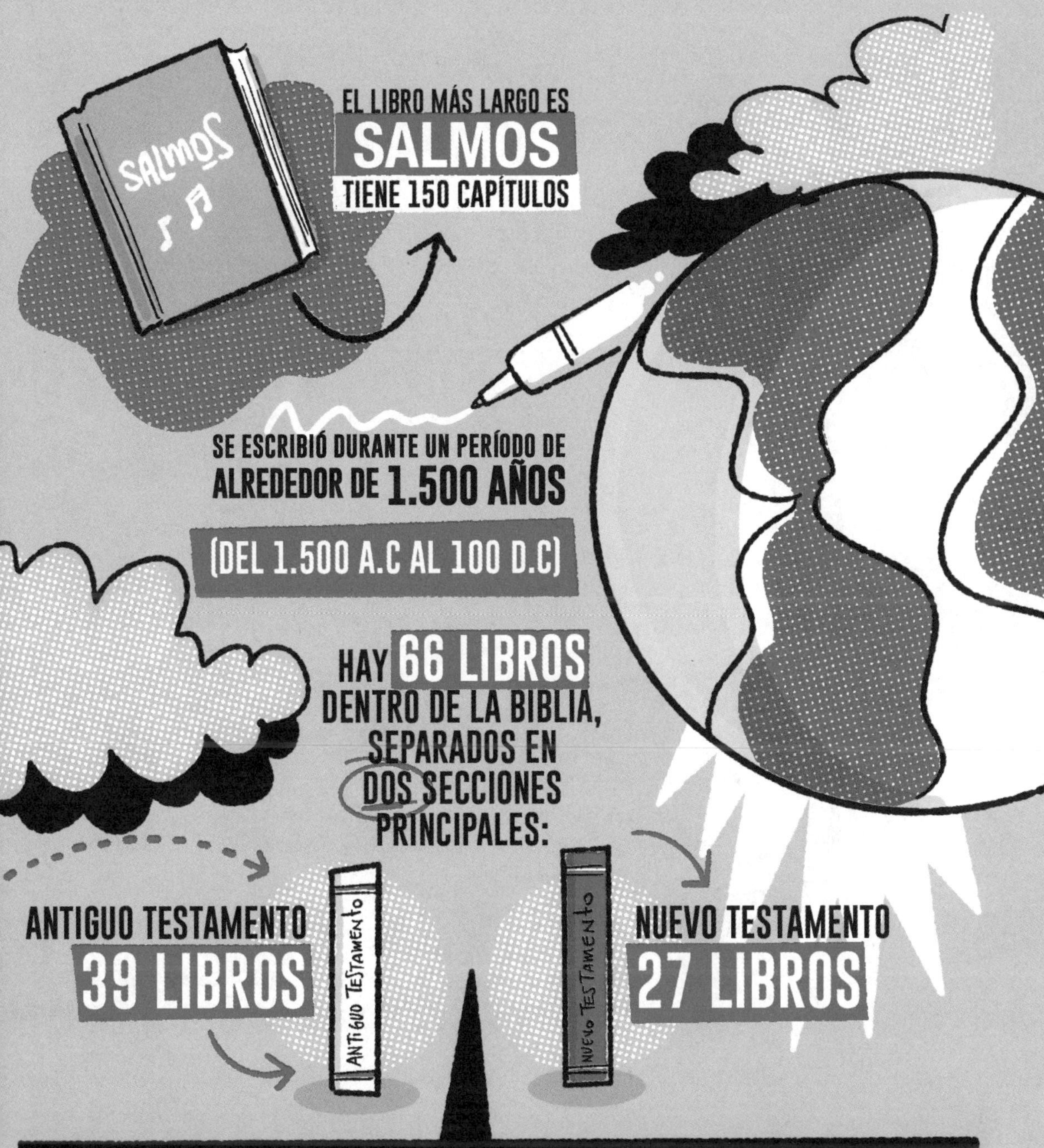

SALMOS
EL LIBRO MÁS LARGO ES
SALMOS
TIENE 150 CAPÍTULOS
SE ESCRIBIÓ DURANTE UN PERÍODO DE
ALREDEDOR DE 1.500 AÑOS
(DEL 1.500 A.C AL 100 D.C)
HAY 66 LIBROS
DENTRO DE LA BIBLIA,
SEPARADOS EN
DOS SECCIONES
PRINCIPALES:
ANTIGUO TESTAMENTO
39 LIBROS
ANTIGUO TESTAMENTO
NUEVO TESTAMENTO
NUEVO TESTAMENTO
27 LIBROS

Algunos libros de la Biblia son **EPÍSTOLAS**, cartas a individuos e iglesias; también están los **EVANGELIOS**, que son escritos sobre la vida de Jesús. Otros son libros históricos y otros tienen profecías para un tiempo determinado o para el futuro. Algunos tienen poesías, cantos; otros sabios consejos y algunos poseen registros históricos.

EL LIBRO DE GÉNESIS

ORDEN EN EL ANTIGUO TESTAMENTO: 01

NÚMERO DE CAPÍTULOS: 50

TIPO DE LIBRO: PENTATEUCO

AUTOR:

MOISÉS

Aunque no hay una referencia directa en el libro que identifique al autor, la tradición apunta a Moisés como autor del Génesis.

Existen diversas referencias en la Biblia a los escritos de Moisés, tanto en el Antiguo Testamento (Éxodo 17:14; Números 33:2; Josué 8:31, 1 Reyes 2:3; Esdras 6:18; Nehemías 13:1; Malaquías 4:4) como en el Nuevo Testamento (Marcos 12:26; Lucas 24:27; Juan 5:46; 2 Corintios 3:15).

PROPÓSITO:

Fue escrito para ser presentado al pueblo de Israel mientras estaba en el desierto para conocer su origen, entender su historia y recordar quién era el Dios que los había liberado de Egipto.

FECHA & LUGAR:

Fue escrito alrededor del 1440 a. C después del Éxodo (alrededor del 1445 a. C.) y antes de la muerte de Moisés (1405 a. C.).

Sintetiza miles de años de historia: desde el jardín del Edén hasta Noé en los primeros 11 capítulos, y luego los capítulos 12 al 50 cubren unos 400 años lineales desde Abraham hasta José.

Génesis fue escrito para plantear los inicios de la historia de redención del ser humano por parte de un Dios poderoso y lleno de gracia. En ese sentido, los temas centrales de la Biblia están expuestos de manera germinal en este libro: la creación, la relación de Dios con el ser humano, su caída, el propósito redentor de Dios y la elección de un pueblo para llevar a cabo ese plan.

¿QUÉ HAY EN EL LIBRO DE GÉNESIS?

Puedes estudiar el libro en siete sesiones, haciendo énfasis en las características de Dios que sobresalen en cada sesión:

Sesión 1: Así comenzó la historia de todas las cosas (1)
Sesión 2: Ascenso y caída de la familia original (Adán) (2-5)
Sesión 3: Una familia halló gracia en medio del caos (Noé) (6-11)
Sesión 4: Triunfos y errores de la familia del padre de la fe (Abraham) (12-23)
Sesión 5: Una familia llena de bendición, pero dividida (Isaac) (24-27)
Sesión 6: La tormentosa historia de un engañador que llegó a ser príncipe (Jacob) (28-36)
Sesión 7: Dios cumple de manera misteriosa los sueños de un hombre fiel (José) (37-50)

LA CAÍDA DEL HOMBRE & SUS CONSECUENCIAS

GÉNESIS CAPÍTULO 2 presenta un cuadro de la vida del hombre en el huerto del Edén. Todo es bueno, pero ahora hay un cambio radical; en el capítulo 4 el ser humano conoce el odio, el rencor y la violencia. ¿Cómo empieza todo esto? El origen del mal se da en medio de estos dos capítulos, en el capítulo 3.

EL TENTADOR: SATANÁS
(Jn 8:44, Ap 12:9)

Satanás se representa en la serpiente y habla por medio de ella, con la insinuación de que Dios era demasiado severo (Gn 3:1).

GÉNESIS 3:7-24

Como consecuencia del pecado, vinieron resultados desastrosos para el ser humano:

1. **El ser humano conoce personalmente el mal: sus ojos fueron abiertos.**
2. **Se cortó la comunicación con Dios, y esto hace al hombre huir de la presencia de Dios.**

EVENTOS Y LUGARES CLAVES EN GÉNESIS

MONTES DE ARARAT
(Gn 8:4)

El pecado de Adán y Eva contagió de pecado a la raza humana. Años más tarde, este creció de una forma alarmante y Dios decidió renovar la tierra con una gran inundación, pero Noé, su familia y dos de cada especie de animales quedaron a salvo dentro del arca. Cuando la inundación terminó, el arca descansó sobre los montes de Ararat.

UR DE LOS CALDEOS
(Gn 11:18)

Abram, descendiente de Sem y padre de la nación hebrea, nació en esta gran ciudad.

La gente nunca aprende. Otra vez el pecado abrazó el orgullo de la gente y los condujo a construir una enorme torre como monumento a su propia grandeza (obviamente, sin pensar en Dios). Como consecuencia, Dios los esparció al darles diferentes idiomas.

HOLA!
مرحبا!
嗨!
SALUT!

BABEL (Gn 11:8-9)

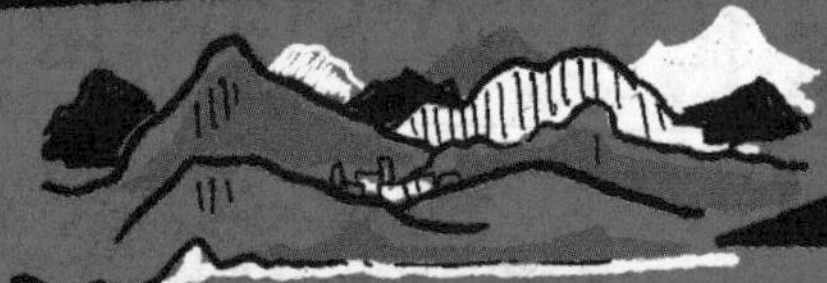

SIQUEM (Gn 12:1-6)

Dios exhortó a Abram a dejar Harán y dirigirse a un lugar donde sería padre de una gran nación. Así que Abram, Lot y Sara viajaron a la tierra de Canaán y se establecieron cerca de una ciudad llamada Siquem.

HEBRÓN (Gn 13:18)

Abraham se mudó a Hebrón donde estableció raíces profundas. Tanto él como Isaac y Jacob vivieron y fueron sepultados allí.

Aquí se cavó un pozo como testimonio del juramento entre Abraham y el ejército del rey Abimelec (Gn 21:31). Años más tarde, en una de las peregrinaciones de Isaac, Dios se le apareció allí y le ratificó el pacto que había hecho con su padre Abraham (Gn 26:23-25).

BEERSEBA

BETEL

Después de engañar a su hermano, Jacob dejó Beerseba y huyó a Harán. En el viaje, Dios se reveló a Jacob en sueños y le ratificó el pacto que había hecho con Abraham e Isaac (Gn 28:10-22). Jacob vivió en Harán, trabajó para Labán y se casó con Lea y Raquel (Gn 29:.15-28). Luego de una tensa reunión con su hermano Esaú, Jacob retornó a Bet-el (Gn 35:1).

Jacob tuvo doce hijos, incluyendo a José, su favorito. Los diez hermanos mayores de José sentían tantos celos que un día lo vendieron a unos mercaderes madianitas que se dirigían a Egipto. A la postre, José pasó de esclavo a ser la mano derecha de Faraón, y salvó del hambre a los egipcios. La familia entera se trasladó de Canaán a Egipto y allí se establecieron (Gn 46:3,4).

LA GRAN HISTORIA DEL PATRIARCA ABRAHAM

El patriarca del AT nació en Ur y fue llamado por Dios para vivir en Canaán. Dios le prometió hacer de sus descendientes una gran nación, una promesa cumplida inicialmente en Israel y posteriormente en la iglesia cristiana. Su ejemplo de confianza en Dios es vista como ejemplar por los escritores del NT.

Dios sometió a Abraham a prueba respecto a Isaac, ordenándole que lo ofreciera en holocausto (Gn.22:6). Isaac no se resistió, por respeto a su padre y a Dios. El ángel del Señor intervino, impidiendo el sacrificio en el momento en que iba a ser llevado a cabo, y Abraham halló allí un carnero, que ofreció en lugar del joven.

GÉNESIS 11:10-26

LÍNEA DE DESCENDENCIA

Saraí / Sara Esposa de Abraham (Gn 11:29-30)

Abraham dice que Sara es su hermana (Gn 12:10–20; 20:1–18)

MAPA DEL VIAJE DE ABRAHAM (GN 11:31; 12:1-6)

DIOS LLAMA A ABRAHAM (Gn 12:1-9)

PROMESAS TRANSCENDENTALES HECHAS A ABRAHAM Y SUS DESCENDIENTES

- Heredarían la tierra de Canaán
- Llegarían a ser una gran nación
- Por medio de ellos, las familias de la tierra serían benditas

NACIMIENTO DE ISAAC

SOY LA PROMESA, Y MI NOMBRE SIGNIFCA "RISA"

El hijo de Abraham y Sara, cuando su padre tenía 100 años y su madre algo más de 90 (Gn 17:17; 21:5). Cuando Dios dio la promesa de que Sara tendría un hijo, Abraham, incapaz de creerlo, se puso a reír (Gn 17:17-19). Más tarde, al oír la misma promesa dada por un extraño que se había detenido en sus tierras, Sara se rió también de incredulidad (Gn 18:9-15).

El nacimiento de Ismael (Gn 16:1-16)

HIJO DE ABRAHAM POR MEDIO DE AGAR

A pesar de no ser el heredero del pacto de Abraham, la descendencia de Ismael se convirtió en una gran nación, que se extendió a doce tribus (Gn 17:18, 20; 25:16).

Dos ángeles, enviados a Sodoma, advirtieron a Lot de que la ciudad iba a ser aniquilada. La actitud del populacho con respecto a los extranjeros reveló hasta qué punto merecía aquel castigo. Lot escapó de la destrucción con sus dos hijas. En la huida, su mujer, al volverse a mirar la ciudad, fue atrapada en el diluvio de fuego y sal.

ISAAC: Segundo de los patriarcas, hijo de Abraham y Sara y padre de Esaú y Jacob. Su historia se encuentra en Gn 21:3–8; 35:27–29.

JACOB: Padre del pueblo hebreo, cuya vida transcurrió probablemente en el siglo 18 a. C. Fue hijo de Isaac y Rebeca y hermano gemelo de Esaú.

Gn 25:21-50:14

JOSÉ: Hijo decimoprimero de Jacob y su primero con Raquel. Nació en Padan-aram, (Gn 29:4; 30:22–24). Termina su vida en la tierra de Egipto.

LOT

Al morir su padre, emigró con su tío a Canaán (Gn 11:31; 12:4-5). Abraham y Lot tenían tan numerosos rebaños que los escasos pastos de los montes de Judá no bastaban para ambos. Les fue preciso separarse, y Lot escogió la llanura al este del Jordán (Gn 13:6-11), pero no se quedó en la llanura, sino que extendió sus tiendas hasta entrar a vivir en la misma Sodoma (Gn 13:12).

NOTAS PERSONALES PARA MI ESTUDIO BÍBLICO

EL LIBRO DE ÉXODO

ORDEN EN EL ANTIGUO TESTAMENTO: **02**

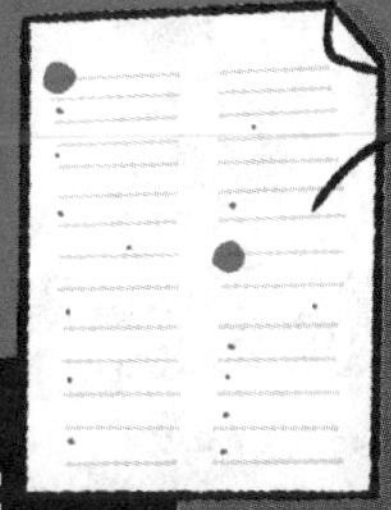

NÚMERO DE CAPÍTULOS: **40**

TIPO DE LIBRO: **PENTATEUCO**

Las principales investigaciones respaldan a Moisés como autor de la mayoría del contenido de este libro.
Existen diversas referencias en la Biblia a los escritos de Moisés, tanto en el Antiguo Testamento (Éxodo 17:14; Números 33:2; Josué 8:31, 1 Reyes 2:3; Esdras 6:18; Nehemías 13:1; Malaquías 4:4) como en el Nuevo Testamento (Marcos 12:26; Lucas 24:27; Juan 5:46; 2 Corintios 3:15).

FECHA & LUGAR:

Fue escrito entre el 1440 y 1430 a. C., mientras los hebreos permanecían en la Península del Sinaí. El libro inicia con el nacimiento de Moisés y concluye con la construcción del Tabernáculo (Éxodo 40:1,2).

AUTOR:

MOISÉS

PROPÓSITO:

Este libro fue escrito con el propósito de mostrar la fidelidad de Dios en el cumplimiento de las promesas a su pueblo. Por medio de los mandamientos y las leyes que se presentan aquí aprendemos acerca del carácter de Dios, de la adoración que él exige y del pacto con su pueblo.

Este libro fue leído por el pueblo que tomó parte de la salida de Egipto, lo que era un recordatorio de la intervención poderosa de Dios en favor de los israelitas. Estas hazañas eran parte importante de la identidad nacional del pueblo y apuntaban a su relación con Dios y al pacto entre ambos.

¿QUÉ HAY EN EL LIBRO DE ÉXODO?

El siguiente plan te ayudará a estudiar el libro en cinco sesiones. La clave será que en cada una de ellas puedas conectar la historia bíblica y sus principios con tu vida personal.

Sesión 1: La accidentada preparación de un líder (1-6)
Sesión 2: Dios pelea y triunfa por su pueblo (7-15)
Sesión 3:Dios muestra su gracia aun cuando su pueblo es rebelde (16-18)
Sesión 4: La fidelidad de Dios se muestra a través de su justicia (19-24)
Sesión 5: La santidad de Dios merece nuestra reverencia (25-40)

CRECÍ Y FUI FORMADO EN EGIPTO POR LA HIJA DE FARAÓN...

... PERO SOY HEBREO

A los 40 años mató a un egipcio para proteger a un esclavo hebreo y huyó a Madián, donde pasó los 40 años siguientes.

Su vida cambió cuando encontró a Dios en una zarza ardiente en el monte Sinaí

(... la montaña donde posteriormente recibió los 10 mandamientos)

Allí, el Señor se le reveló como el Dios de sus antepasados y le dijo que lo usaría para cumplir sus promesas a su pueblo y liberarlo (Éxodo 3:1-22).

¡TÚ!

AL PRINCIPIO DE MI LLAMADO SENTÍA QUE NO ESTABA EN CONDICIONES DE HACERLO...

... PERO FINALMENTE ME RENDÍ A DIOS Y REGRESÉ A EGIPTO.

LA VIDA DEL GRAN MOISÉS

EL ÉXODO EN 10 PASOS

A. ISRAEL EN EGIPTO (1:1-12:30)

VAMOS... ¡TRABAJEN DURO!

1. Esclavitud en Egipto

QUIÉN, ¿YO?

2. Dios elige a Moisés

3. Dios envía a Moisés ante Faraón

4. Las plagas azotan a Egipto

5. La pascua

B. ISRAEL EN EL DESIERTO (12:31-18:27)

6. El éxodo

7. Israel cruza el Mar Rojo

8. Quejas en el desierto

C. ISRAEL EN EL SINAÍ (19:1- 40:38)

9. Entrega de la Ley

10. Construcción del tabernáculo

EL TABERNÁCULO

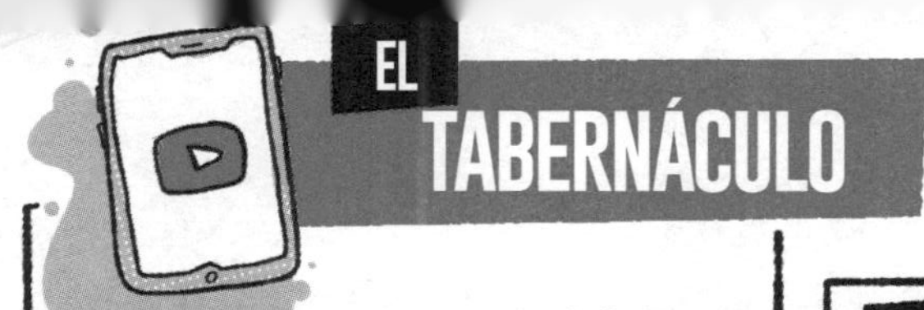

A este simbolismo de la morada de Dios en medio de su pueblo (Ex 25:8) se hace referencia al hablarse de la encarnación del Verbo que «habitó (en griego, "puso tabernáculo") entre nosotros» (Jn 1:14).

LUGAR SANTÍSIMO

El lugar santísimo era el cuarto más íntimo del tabernáculo. Contenía el arca del pacto y era el sitio del rito más sagrado del tabernáculo: el día de la expiación anual o Yom Kippur.

SANTUARIO

Morada de Dios entre los israelitas

LUGAR SANTO

En el lugar santo (que consistía en todo el interior del tabernáculo excepto el lugar santísimo), estaba ubicado el candelabro, la mesa de la proposición y el altar del incienso.

ÉXODO 25-27; 30:1-31; 35:4-38; 39:32-40

CORTINA EXTERIOR:
Hecha de tela azul, púrpura y escarlata, de lino fino torcido, esta cortina daba acceso a la tienda del tabernáculo (Ex 26:36-37).

FUENTE DE BRONCE:
Hecha de bronce macizo, esta fuente era utilizada para lavados ceremoniales (Ex 30:17-21).

ALTAR DE BRONCE:
Hecho de madera de acacia y cubierto con bronce, el altar era lo suficientemente liviano para que los levitas lo llevaran durante su peregrinaje en el desierto (Ex 27:1-8).

EL ARCA DEL PACTO
Como el objeto más sagrado del culto israelita, el arca del pacto simbolizaba la presencia de Dios y contenía las tablas de la ley, la vara de Aarón que reverdeció y maná.

RECINTO DE CORTINAS:
El área alrededor de la tienda estaba cerrada por una valla hecha de cortinas de lino fino de unos 48 m de largo, 24 m de ancho y 2,4 m de alto. Esta valla era sostenida por pilares con bases de bronce y ganchos (Ex 27:9-19).

CORTINAS DE ENTRADA:
Esta cortina de 10 m de largo daba acceso al atrio del tabernáculo (Ex 27:16)

TABERNÁCULO

(ojel, que en hebreo significa "tienda", y miscan, que significa "morada").

Tienda de campaña, santuario portátil que cobijaba el arca del pacto. Sirvió a Israel desde su construcción en el Sinaí (Ex 19:1) hasta la construcción del templo de Salomón.

Simbolizaba esencialmente la presencia de Jehová en medio del pueblo.

Cuando Israel adoró el becerro de oro y despertó así la ira de Jehová, Moisés sacó el tabernáculo fuera del campamento (Ex 33:7), simbolizando así el alejamiento de Dios.

Cuando se reanudó la marcha del pueblo nuevamente consagrado a Jehová, el tabernáculo se instaló en medio, con seis tribus delante y seis tribus detrás (Nm 2:17).

NOTAS PERSONALES PARA MI ESTUDIO BÍBLICO

EL LIBRO DE LEVÍTICO

ORDEN EN EL ANTIGUO TESTAMENTO: 03

NÚMERO DE CAPÍTULOS: 27

TIPO DE LIBRO: PENTATEUCO

FECHA & LUGAR:

El libro fue escrito antes de la salida hacia el desierto, un mes después de haber levantado el campamento en el Sinaí (Ex 40:17) y de la salida del Sinaí (Num 1:1; 10:11). **El libro se sitúa entre el 1440 y el 1400 a. C. aproximadamente.**

AUTOR:

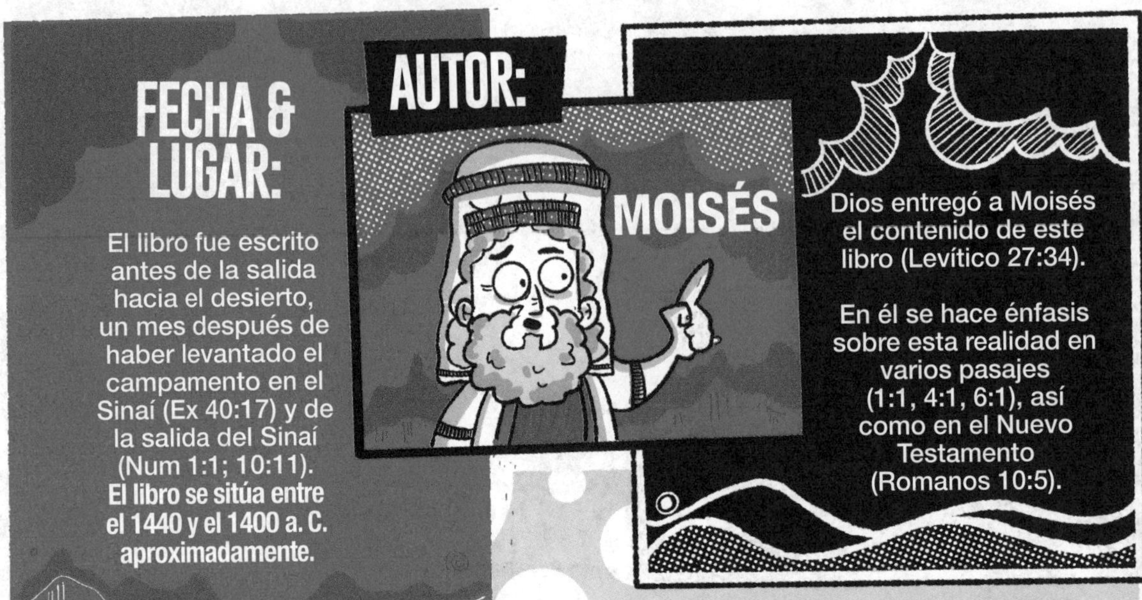

MOISÉS

Dios entregó a Moisés el contenido de este libro (Levítico 27:34).

En él se hace énfasis sobre esta realidad en varios pasajes (1:1, 4:1, 6:1), así como en el Nuevo Testamento (Romanos 10:5).

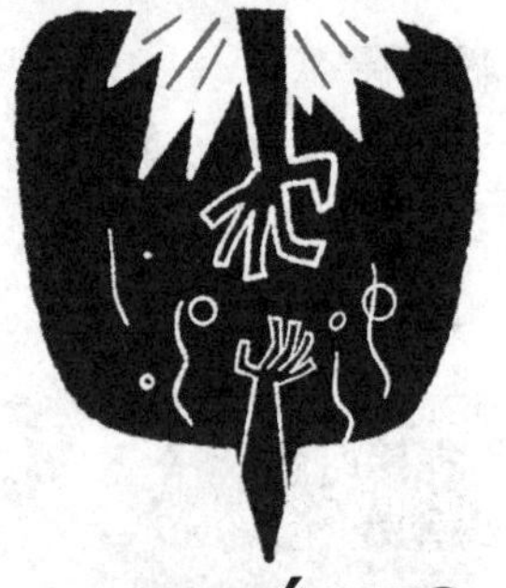

DESTINATARIOS:

Este fue un libro estudiado por el pueblo para conocer los requerimientos de Dios acerca de la adoración y el cumplimiento de los sacrificios. Principalmente, los levitas (sacerdotes pertenecientes a la tribu de Leví) administraban las leyes contenidas en el libro.

PROPÓSITO:

Este libro busca explicar cómo el hombre puede acercarse a Dios por medio de su divina provisión del sacrificio perfecto (Lv 11:45, 19:2, 20:26; Jn 1:29). Como tal, es un libro legislativo y no tanto narrativo. El recordatorio principal es el llamado a la santidad.

¿QUÉ HAY EN EL LIBRO DE LEVÍTICO?

Puedes comprender el contenido de este libro en 6 sesiones:

Sesión 1: Acerquémonos a Dios por medio de sacrificios santos (1-7)
Sesión 2: Acerquémonos a Dios por medio de líderes santos (8-10)
Sesión 3: Acerquémonos a Dios por medio de una purificación evidente (11-17)
Sesión 4: Mantengamos la comunión con Dios alejándonos del pecado (18-22)
Sesión 5: Celebremos la comunión con Dios por medio de las fiestas (23-25)
Sesión 6: La vida bendecida de un pueblo santo y en comunión con Dios (26-27)

MARCO HISTÓRICO

Al pie del monte Sinaí, Dios está enseñando a los israelitas cómo vivir como pueblo santo:

1. Después de la dramática salida de Israel de Egipto, la nación acampó al pie del monte Sinaí durante dos años para escuchar a Dios **(Éxodo 19 a Números 10).**

ACÁ ESTÁ LEVÍTICO

2. En Éxodo, la redención es el fundamento para la limpieza, **en Levítico es la adoración y el servicio.**

3. El mensaje abrumador de Levítico es la santidad de Dios: «**Sean santos, porque yo, el Señor su Dios, soy santo» (Lv 19:2).**

En Levítico, los sacrificios, los sacerdotes y el sagrado día de la expiación abrieron el camino para que los israelitas llegaran a Dios.

4. Los primeros capítulos de Levítico dan instrucciones detalladas para ofrecer sacrificios, que eran los símbolos activos de arrepentimiento y obediencia.

OFRENDA EXPIATORIA

EXPIAR, PURIFICAR AL PECADOR

Era ofrecida, o como pena por alguna infracción; cuando había de ser ofrecida además de la necesaria restitución, o en casos dudosos, cuando su objetivo era suspender los efectos del pecado.

El oferente llevaba personalmente el animal a la puerta del tabernáculo donde estaba el altar del holocausto.

Los sacerdotes tenían que comer la carne (como la del sacrificio expiatorio) en el lugar santo.

HOLOCAUSTO

Los sacerdotes ofrecían la sangre y la rociaban alrededor del altar. Se quemaba todo el sacrificio completo. **El adorador era un participante activo: él ponía su mano sobre la cabeza del animal para indicar que este era su sustituto.** Después, él mismo degollaba al animal.

OFRENDA DE GRANO O CEREAL

Grano, flor de harina, aceite de oliva, incienso, tortas cocidas en el horno, sal, sin levadura ni miel. Acto voluntario de adoración, reconocimiento de la bondad y provisión de Dios, devoción a Dios.

El sacerdote tomaba un puñado de harina y aceite junto con todo el incienso, y lo quemaba sobre el altar como memorial, para recordarle a Dios la promesa de su pacto.

El resto de la ofrenda de grano pasaba a ser propiedad del sacerdote.

DIOS

OFRENDA POR EL PECADO

PROPICIAR A DIOS. EXPIACIÓN POR EL PECADO.

Expiación obligatoria por pecados específicos no intencionados; confesión de pecado; perdón del pecado; limpieza de la contaminación.

La sangre del animal sacrificado se rociaba siete veces frente al velo que separaba el lugar santo del lugar santísimo en el tabernáculo, y más tarde en el templo, y también en el lugar santo se untaba la sangre en los cuernos del altar del incienso.

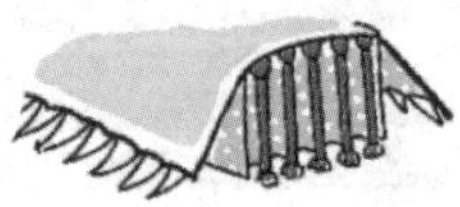

OFRENDA DE PAZ

Acto voluntario de adoración, acción de grac[ias] y comunión, que incluía un ágape comunitar[io].

El sacerdote rociaba la sangre del animal sobre el altar. Después de esto, se cortaba [el] animal en sus piezas, algunas de las cuales se ofrec[ían] sobre el altar.

Se les permitía a los adoradores celebrar c[on] una comida su paz con Dios. Los sacerdote[s] como representantes de Dios, participaba[n] en la comida.

LOS SACRIFICIOS

Acto voluntario de adoración; expiación por el pecado no intencionado en general; expresión de devoción, compromiso y entrega completa a Dios.

- La muerte de Cristo fue la ofrenda perfecta.
- La muerte de Cristo restaura nuestra relación con Dios.

FUNCIÓN Y VESTIMENTA DEL SACERDOTE EN LEVÍTICO

קדש ליהוה — SANTIDAD AL SEÑOR

MITRA

Una corona de oro que significaba *envolver* o *enroscar*, conocido también como turbante. La mitra tenía una inscripción: SANTIDAD AL SEÑOR (Ex 28:38).

EL EFOD

Al parecer, se trataba de una prenda sin mangas. Contenía dos piedras de ónice, una en cada hombro.

PIEDRAS DE ÓNICE SOBRE LOS HOMBROS

Piedras de ónice engarzadas en oro con los nombres labrados de las 12 tribus (6 en cada piedra), una sobre cada hombro del efod (Ex 28:10).

DIOS ELEGÍA AL SUMO SACERDOTE COMO MEDIADOR SUPREMO ENTRE DIOS Y LOS ISRAELITAS. ESTE LÍDER DEBÍA DE SER DE LA TRIBU DE LEVÍ Y PURO EN SU LINAJE COMO DESCENDIENTE DE AARÓN, HERMANO DE MOISÉS Y PRIMER SUMO SACERDOTE.

PECTORAL CON 12 PIEDRAS PRECIOSAS

Hecho de oro, tenía doce piedras incrustadas en cuatro filas, y estas piedras también tenían nombres grabados.
A diferencia de los nombres de las piedras de ónice que estaban en orden de nacimiento, los nombres en las piedras del pectoral eran los de las tribus de los hijos de Israel según el orden de escritura hebreo (de derecha a izquierda). Se disponían según la distribución en el campamento.

MANTO AZUL OSCURO

Hasta las rodillas, con orificio para pasar la cabeza y sin mangas, con granadas azul, púrpura, carmesí y campanillas de oro.

BATA Y CINTURÓN

Bata blanca tejida de una sola pieza, ajustada al cuerpo, y faja de lino fino retorcido con bordados de azul, púrpura y carmesí.

1. Los sacerdotes representaban al pueblo ante Dios (Levítico 16) por medio de muchos variados sacrificios: a) El holocausto - b) La ofrenda por el pecado - c) La ofrenda expiatoria - d) La ofrenda de paz - e) La ofrenda de cereal.

2. Los sacerdotes representaban a Dios ante el pueblo. El sacerdocio funcionaba como la voz de Dios tanto en el rol profético como en el instructivo. La función profética se concentraba en el uso del URIM y el TUMIM (Dt 33:8). Se desconoce qué eran estos elementos proféticos, pero se guardaban en el bolsillo del sumo sacerdote quien los usaba para determinar la voluntad de Dios en casos específicos (Ex 28:30; Nm 27:21-23; 1 S 23:1-6).

3. Los sacerdotes también cuidaban al pueblo en el santuario de Dios y protegían al pueblo del santuario. La santidad podía ser algo peligroso si personas impuras la tomaban con ligereza, como lo demuestran las historias de Nadab y Abiú (Lv 10) y de Uza (2 S 6:6-7).

NOTAS PERSONALES PARA MI ESTUDIO BÍBLICO

EL LIBRO DE NÚMEROS

ORDEN EN EL ANTIGUO TESTAMENTO: 04

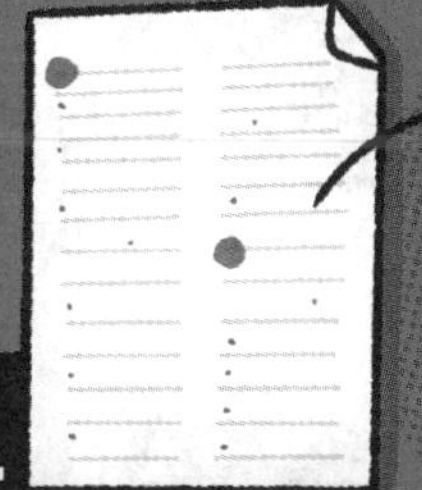

NÚMERO DE CAPÍTULOS: 36

TIPO DE LIBRO: PENTATEUCO

MOISÉS

El libro recalca que Dios le dio instrucciones y leyes a Moisés (Números 1:1, 3:44, 15:1), y por ello se lo considera como autor principal del libro. Sin embargo, algunos detalles como Números 12:3 hacen pensar que el libro fue revisado posteriormente por editores.

AUTOR:

FECHA & LUGAR:

El libro cubre un período de más o menos 39 años. Israel estuvo casi 40 años vagando cuando pudieron haber hecho ese recorrido en un par de meses, y si el libro fue escrito después del éxodo, entonces su fecha de redacción se encuentra alrededor de 1440 a 1400 a. C.

YO CREO QUE YA HEMOS PASADO POR ESTE MISMO LUGAR VARIAS VECES...
HEMOS ESTADO DANDO VUELTAS

DESTINATARIOS:

Números fue leído por los sobrevivientes al peregrinaje en el desierto y por las generaciones siguientes. Así recordaron los pecados y fracasos de Israel, al igual que la fidelidad de Dios para su desobediente pueblo.

UPS!

PROPÓSITO:

En Números se incluyen tanto relatos como leyes. Se registra el viaje de Israel desde el monte Sinaí hasta Moab, en la frontera con la tierra prometida, para luego desconfiar en el poder y la guía de Dios y permanecer en el desierto 40 años, un año por cada día que los espías fueron a ver la tierra (Números 14:34), hasta que toda la generación (con excepción de Josué y Caleb) murió. El libro busca mostrar las consecuencias de la desconfianza en la bondad y el poder divino.

¿QUÉ HAY EN EL LIBRO DE NÚMEROS?

Toma 6 sesiones para cubrir el contenido de este libro:

Sesión 1: El pueblo de Dios se santifica para recibir la promesa (1-6)
Sesión 2: El pueblo de Dios se organiza para recibir la promesa (7-10)
Sesión 3: El pueblo de Dios fracasa al no confiar solo en el Señor (11-14)
Sesión 4: Dios muestra su favor hacia los fieles y su juicio contra los infieles (15-21)
Sesión 5: Dios lucha por su pueblo para bendecirlo, a pesar de la oposición (22-25)
Sesión 6: Dios prepara al pueblo para recibir la promesa (26-36)

TEMA HISTÓRICO:

Números relata la experiencia de dos generaciones de la nación de Israel:

En los capítulos 15 a 25 del libro, la primera y la segunda generación se empalman; la primera murió conforme la segunda llegó a la edad adulta.

1. La primera generación participó en el éxodo de Egipto.

Su historia comienza en Éxodo 2:23 y continúa a lo largo de Levítico y llega hasta el capítulo 14 de Números. Cuando este pueblo llegó a la orilla del sur de Canaán, se rehusó a entrar a la tierra prometida (Números 14:1-10), y debido a esa rebelión, todos los adultos de veinte años y mayores (a excepción de Caleb y Josué) fueron sentenciados a morir en el desierto (Números 14:26-38).

2. La segunda generación es la que fue a la guerra (Números 26:1-56) y la que heredó la tierra prometida (Números 26:52-56).

La historia de esta segunda generación comienza en Números 26:1 y continúa a lo largo de los libros de Deuteronomio y Josué.

TRES TEMAS TEOLÓGICOS EN EL LIBRO DE NÚMEROS

Primero, Dios mismo se comunicó con Israel a través de Moisés (Números 1:1, 7:8-9, 12:6-8), por lo tanto las palabras de Moisés tenían autoridad divina.
ASÍ DICE EL SEÑOR...
La respuesta de Israel a Moisés reflejaba su obediencia o desobediencia al Señor:
1. Obediencia (caps. 1-10)
2. Desobediencia (caps. 11-25)
3- Obediencia renovada (caps. 26-36)
BUENO, LO HAREMOS
NO IREMOS ALLÁ!!!
SÍ SEÑOR, PERDÓNANOS
El segundo gran tema es que la desobediencia tiene consecuencias
(Números 11:1, 10, 33; 12:9; 14:28; 21:4-9; 25:3-4; 32:10,13-14).
CANAÁN
TÍTULO DE PROPIEDAD
En tercer lugar, la fidelidad del Señor por guardar su promesa de dar a la simiente de Abraham la tierra de Canaán es recalcada (Números 15:2, 26:52-56, 27:12, 33:50-56, 34:1-29).

EL DESIERTO
ACONTECIMIENTOS DURANTE
40 AÑOS
EN EL DESIERTO
1. PREPARACIÓN DE LA MARCHA (Nm 5-6)
- Las leyes de pureza
- Logística para acampar y la marcha de las 12 tribus
PVRO
2. PREPARACIÓN DEL TABERNÁCULO (Nm 6-9)
- Consagración de los sacerdotes
- Dedicación del tabernáculo
- Bendición sacerdotal
3. CENSO DEL PUEBLO:
- Primer censo: Nm 1-4
- Segundo censo: Nm 26
12 TRIBUS
1. Rubén
2. Simeón
3. Leví
4. Judá
5. Dan
6. Neftalí
7. Gad
8. Aser
9. Isacar
10. Zabulón
11. José
12. Benjamín
Representado eventualmente por sus hijos Manasés y Efraín
4. DIRECCIÓN DIVINA (Nm 9:15-23)
- Columna de nube de día
- Columna de fuego en las noches
5. ACTITUD DEL PUEBLO:
- Quejas en el camino a Cades (Nm 10-12)
- Rebelión de los 10 espías (Nm 13-14)
- Rebelión de Coré (Nm 16)
CORREEE!
6. PRIMICIA DEL ESPÍRITU SANTO:
- El derramamiento del Espíritu Santo (Nm 11:16-30)
7. LOS NUEVOS LÍDERES:
- Aarón = su sucesor: Eliazar (Nm 20:22-29)
- Moisés = su sucesor: Josué (Nm 27)
8. BATALLA EN EL DESIERTO:
- Guerra contra Madián (Nm 31)
9. INSTRUCCIONES PARA LA CONQUISTA (NM 32-36)
DESIERTO
- Purifcación del pueblo
- División y posesión de la tierra
TIERRA PROMETIDA

NOTAS PERSONALES PARA MI ESTUDIO BÍBLICO

EL LIBRO DE DEUTERONOMIO

ORDEN EN EL ANTIGUO TESTAMENTO: 05

NÚMERO DE CAPÍTULOS: 34

TIPO DE LIBRO: PENTATEUCO

SANTA BIBLIA
NO VAS A ENTRAR
EL ANCIANO MOISÉS
YO MENCIONÉ ALGUNAS CITAS DE ESTE GRANDIOSO LIBRO!!!
JESÚS

AUTOR:

Se atribuye la mayor parte de este libro a Moisés (Dt 1:1, 31:24,25). En el Nuevo Testamento, varios pasajes de Deuteronomio son citados como escritos por él (Mateo 19:7,8, Marcos 10:3-5, Hechos 3:22,23, 7:37,38 y Romanos 10:19).

(Alguien más (como quizás Josué) escribió el capítulo 34 para cerrar el libro.)

Una de las características más notables del libro de Deuteronomio es la frecuencia con la que se lo cita en otros pasajes de las Escrituras: se alude a él casi 100 veces en el Nuevo Testamento. **Jesús utilizó versículos de Deuteronomio para desechar las tentaciones de Satanás** (véase Deuteronomio 6:13,16, 8:3 y Mateo 4:1-11) **y para explicar cuál era el gran mandamiento de la ley** (véase Deuteronomio 6:5 y Mateo 22:36-38).

FECHA & LUGAR:

Israel está acampando en las llanuras de Moab, al este del río Jordán. Han pasado 40 años desde la liberación de Egipto y casi 38 desde que el pueblo había salido del Sinaí. Los discursos y los hechos registrados en este libro ocurrieron justo antes de la conquista, alrededor de 1440 y 1400 a. C.

MOAB

Después de casi cuarenta años de deambular por el desierto, una nueva generación está casi preparada para, finalmente, tomar posesión de la anhelada tierra prometida. Este libro es un repaso resumido y con algunas aplicaciones de la Ley de Dios dirigido a la nueva generación que entrará a poseer la tierra. Como tal, el propósito del libro es recordar a esta nueva nación el contenido del pacto de Dios con ellos y resaltar la importancia vital de obedecer las leyes y ordenanzas del Señor.

DESTINATARIOS:

Los receptores de este libro son la nueva generación de israelitas, próximos a entrar a Canaán. Ellos necesitaban un resumen de la ley, y esta se repite y explica para que puedan comprenderla, obedecerla y transmitirla.

¿QUÉ HAY EN EL LIBRO DE DEUTERONOMIO?

Puedes comprender el contenido de este libro en 6 sesiones:

Sesión 1: Dios es fiel con Israel (1-4)
Sesión 2: La Ley de Dios es grandiosa (5-11)
Sesión 3: La Ley de Dios tiene propósitos magníficos para la vida cotidiana (12-26)
Sesión 4: El éxito o fracaso dependen de la obediencia a la Ley de Dios (27-28)
Sesión 5: Dios renueva su compromiso con las nuevas generaciones (29-30)
Sesión 6: La renovación del liderazgo asegura la continuidad del compromiso (31-34)

1. El principal tema en Deuteronomio es la relación de pacto entre Dios y su pueblo. El inmerecido amor de Dios (Dt 7:6-9) es la base no solo del pacto, sino también de la confianza de su pueblo.

TEMAS EN DEUTERONOMIO

3. Compasión. Como un reflejo del amor de Dios por los más vulnerables (Dt 10:18-19), Deuteronomio asignaba protección y mandatos para viudas, huérfanos, extranjeros, minusválidos y ancianos (Dt 5:14, 14:29, 15:7-11, 16:11, 24:10-21, 26:12-13, 27:19).

2. Obediencia. El pacto exhortaba al pueblo de Dios a enseñar, recordar y obedecer (Dt 6:6-25). Dios prometió que la obediencia traería bendición (Dt 28:1-14), pero advirtió que la desobediencia traería daño (Dt 28:15-68).

ENSEÑANZAS EN EL LIBRO DE DEUTERONOMIO

Entre los muchos énfasis teológicos del libro, cinco de ellos merecen atención:

1. Amor hacia Dios. El Dios de Israel, Jehová, amó a Israel con un amor especial, aun cuando Israel no merecía este amor. Ahora Israel tenía que amar a Dios con todo su corazón, ser y alma (Dt 6:5).

2. Monoteísmo. Israel había servido a otros dioses pero ahora tenía que servir a Dios exclusivamente. Deuteronomio hace énfasis en la singularidad de Jehová en la vida de Israel (13:2,6,13; 18:20, 12:2, 17:3).

3. Ética personal. El libro de Deuteronomio relaciona obediencia a Dios con la vida diaria de cada miembro de la comunidad. Porque el pueblo de Israel está unido con Dios por medio del pacto, cada miembro de la comunidad tiene que tratar a su prójimo con justicia.

4. El shema. Según la tradición judía, Deuteronomio 6:4 era considerado la base del judaísmo. Este pasaje es llamado shema porque viene de la primera parte del versículo: «Escucha (shema), Israel: Jehová nuestro Dios, Jehová uno es».
El fundamento de la fe de Israel era el amor hacia Dios: «Y amarás a Jehová tu Dios con todo tu corazón, con toda tu alma y con todas tus fuerzas» **(Dt 6:5).**

5. El decálogo. Moisés repitió los diez mandamientos a la nueva generación de israelitas que se preparaban para entrar en la tierra prometida (Dt 5:1-22), y comenzó su exhortación con un llamado urgente: «Escucha, Israel» (5:1). La nueva generación urgentemente necesitaba aceptar las demandas del pacto y mantener su fe y confianza en las promesas de Jehová.

DEUTERONOMIO

EL FINAL DE UN PERÍODO

DESPEDIDA POR PARTE DE MOISÉS

¡DEBEN OBEDECER LA LEY!
Primer discurso de Moisés (Dt 1-4)

¿QUÉ ESCOGEN, BENDICIONES O MALDICIONES?
Tercer discurso de Moisés (Dt 31-34)

LOS DIEZ MANDAMIENTOS SON UN PACTO CON DIOS
Segundo discurso de Moisés (Dt 4:44, 26)

MOISÉS

Cambio de liderazgo hacia Josué (Dt 31)
Canción del testimonio de Moisés (Dt 32)
Bendición de Moisés para Israel (Dt 33)
Muerte de Moisés (Dt 34)

Deuteronomio 34:1 La tierra que se le permitió divisar a Moisés desde el monte Nebo era aquella que Dios prometió a los patriarcas. La frase hebrea «verla con tus ojos» aludía a la adquisición legal de una propiedad por quien la observaba (Gn 13:14,15). De ahí que Moisés estaba en aquel momento tomando posesión, en nombre de todo el pueblo, de la tierra prometida por Dios.

NOTAS PERSONALES PARA MI
ESTUDIO BÍBLICO

EL LIBRO DE JOSUÉ

ORDEN EN EL ANTIGUO TESTAMENTO: 06

NÚMERO DE CAPÍTULOS: 24

TIPO DE LIBRO: HISTÓRICO

Josué fue ayudante personal de Moisés, ya que lo acompañó al Monte Sinaí **(Éxodo 24:13).**

Josué es testigo ocular clave de los acontecimientos registrados, y por lo tanto es aceptado como escritor del libro.

AUTOR:

EL JOVEN JOSUÉ

"YA CASI BAJO"

ACÁ TE ESPERO, MOISÉS

ESPIAS

JOSUÉ: LA TIERRA ESTÁ GRANDIOSA...

MOISÉS: ¿SEGURO?

JOSUÉ: SÍ!... PODEMOS TOMARLA!

Fue además uno de los dos espías que trajo un reporte que alentaba al pueblo a conquistar Canaán (Números 13:8,16).

Su liderazgo consistió en asentar y gobernar a las 12 tribus durante unos 25 años.Seguramente alguien más terminó de escribir el libro **(Josué 24:29-33).**

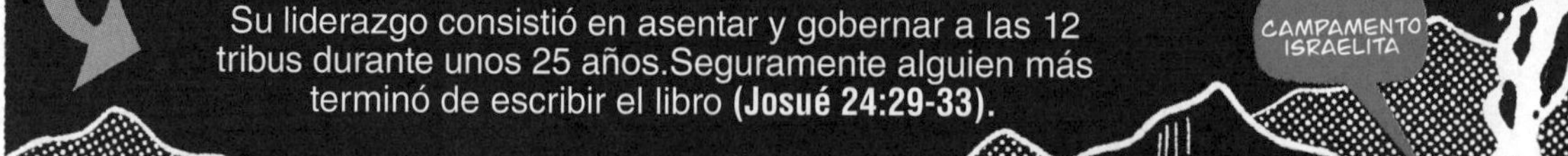

CAMPAMENTO ISRAELITA

FECHA & LUGAR:

Se calcula que la fecha de redacción del libro se encuentra entre el 1400 y 1370 a. C.

DESTINATARIOS:

Los receptores de este libro son la generación de israelitas nacidos después de la conquista.

Este libro fue escrito para describir la manera en la que el Señor dirigió a Israel a la tierra prometida y cómo fue repartida la tierra conquistada.

¿QUÉ HAY EN EL LIBRO DE JOSUÉ?

LA VICTORIA ES NUESTRA

Puedes programar cuatro sesiones para hacer un recorrido por el libro. Haz énfasis en la fidelidad de Dios al cumplir su promesa de dar tierra a los descendientes de Abraham.

Sesión 1: Prepárate espiritualmente para recibir las promesas del Señor (1-5)
Sesión 2: Lucha, conquista y dale la gloria al Señor (6-12)
Sesión 3: Administra las bendiciones con justicia y sabiduría (13-22)
Sesión 4: Consejos de un veterano guerrero (23-24)

1. Lideró la primera batalla de Israel en el desierto
(Éxodo 17:8-13)

FUI DESIGNADO COMO SUCESOR DE MOISÉS
(Números 27:15-23)

5. Uno de los dos adultos sobrevivientes de Egipto
(Números 14:38)

2. Subió al monte Sinaí como sustituto de Moisés
(Éxodo 24:13)

3. Tuvo un papel muy importante en la tienda de reunión
(Éxodo 33:11)

4. Uno de los 12 espías enviados a Canaán
(Números 13:1-14:9)

¡WOW, ESA TIERRA ES REALMENTE BUENA!

PRINCIPALES MOMENTOS EN LA VIDA DE JOSUÉ

CAMPAÑAS DIRIGIDAS POR JOSUÉ EN CONQUISTA DE LA TIERRA

1. JORDÁN: Las tropas de Josué cruzaron el Jordán, cuyas aguas dejaron de fluir y se detuvieron sobrenaturalmente a medida que el arca del pacto era llevada al río frente al ejército (Josué 3:1-4:24).

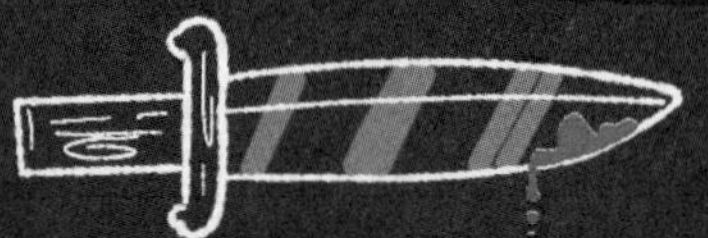

2. GILGAL: La circuncisión, un aspecto descuidado durante la peregrinación en el desierto, se retomó para consolidar el compromiso del pueblo de Dios (Josué 5:1-12).

3. JERICÓ: Primer objetivo de Josué. Al reconocer el terreno, se encontró con un guerrero del cielo descubriendo que esa batalla era de Dios y no suya. La victoria ante Jericó se realizó con una marcha en alabanza (Josué 5:13-15, 6:1-27).

4. HAI: Israel sufrió una derrota por el pecado de Acán, que se apropió del botín de Jericó (Josué 7:1-5). Una vez resuelto el pecado, Hai sucumbió con una estrategia de huida y emboscada (Josué 8:1-29).

¡YO NO TENGO NADA!

5. MONTE EBAL: Josué edificó un altar y renovó el pacto entre Dios e Israel (Josué 8:30-35).

¡ESTOY DICIENDO LA VERDAD!

6. GABAÓN: En Gilgal, los gabaonitas engañan a Israel, consiguiendo la paz con ellos. Josué los defendió de otros reyes cananeos; ahora, Canaán estaba dividida en dos (Josué 9).

7. EN EL SUR: Todas las ciudades estratégicas fueron derrotadas, y esto dejó a Israel en control de la mitad del sur del país (Josué 10).

8. EN EL NORTE: Después de conquistar el sur venció la coalición de Hazor, en el norte. Al destruir otros pueblos, concluyó la mayor parte de la conquista (Josué 11).

9. SIQUEM: Josué renovó el pacto con Dios. Murió a los 110 años de edad y fue sepultado en la tierra prometida, que ya era su hogar (Josué 24).

UN VISTAZO A LA DISTRIBUCIÓN DE LA
TIERRA PROMETIDA

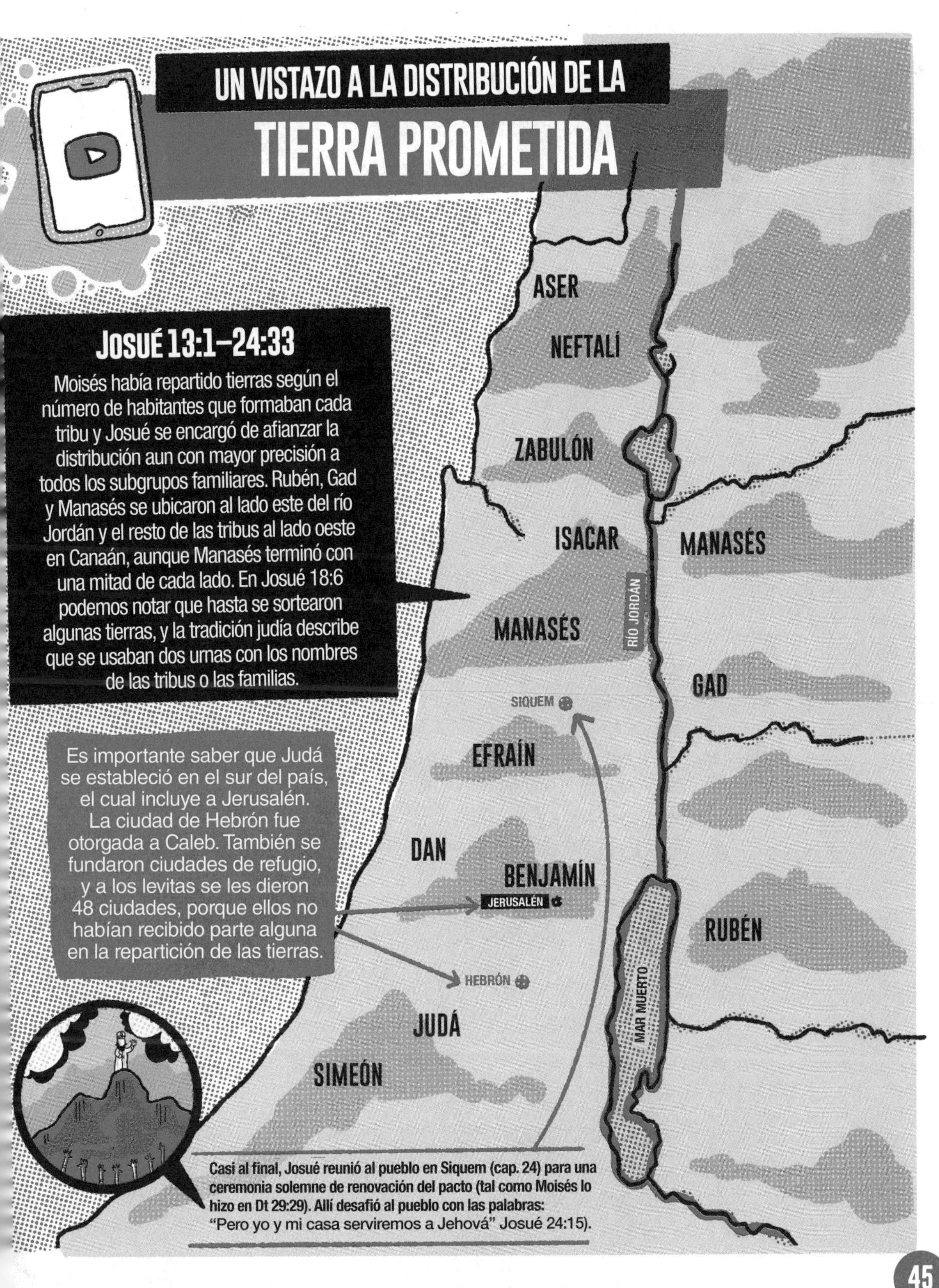

JOSUÉ 13:1–24:33

Moisés había repartido tierras según el número de habitantes que formaban cada tribu y Josué se encargó de afianzar la distribución aun con mayor precisión a todos los subgrupos familiares. Rubén, Gad y Manasés se ubicaron al lado este del río Jordán y el resto de las tribus al lado oeste en Canaán, aunque Manasés terminó con una mitad de cada lado. En Josué 18:6 podemos notar que hasta se sortearon algunas tierras, y la tradición judía describe que se usaban dos urnas con los nombres de las tribus o las familias.

Es importante saber que Judá se estableció en el sur del país, el cual incluye a Jerusalén. La ciudad de Hebrón fue otorgada a Caleb. También se fundaron ciudades de refugio, y a los levitas se les dieron 48 ciudades, porque ellos no habían recibido parte alguna en la repartición de las tierras.

Casi al final, Josué reunió al pueblo en Siquem (cap. 24) para una ceremonia solemne de renovación del pacto (tal como Moisés lo hizo en Dt 29:29). Allí desafió al pueblo con las palabras: "Pero yo y mi casa serviremos a Jehová" Josué 24:15).

NOTAS PERSONALES PARA MI ESTUDIO BÍBLICO

EL LIBRO DE JUECES

ORDEN EN EL ANTIGUO TESTAMENTO: 07

NÚMERO DE CAPÍTULOS: 21

TIPO DE LIBRO: HISTÓRICO

AUTOR:

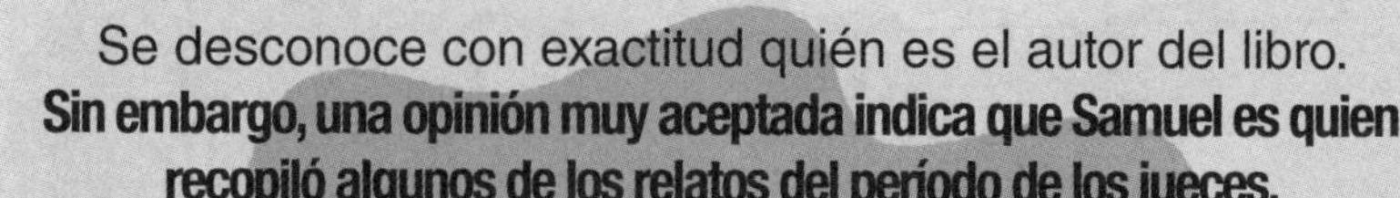

Se desconoce con exactitud quién es el autor del libro. **Sin embargo, una opinión muy aceptada indica que Samuel es quien recopiló algunos de los relatos del período de los jueces.**

Los jueces eran líderes a quienes Dios espontáneamente les confirió poder para rescatar a Israel de sus enemigos. También actuaban como líderes espirituales que administraban justicia. La mayoría eran «héroes locales».

DESTINATARIOS:

¡AYÚDANOS!

Este libro fue escrito para recordarle a las generaciones posteriores a la época de los jueces acerca de la desobediencia de sus ancestros y su necesidad de liberación por parte de Dios.

FECHA & LUGAR:

El libro comienza veinticinco años después del cruce del río Jordán y cubre un período de casi quinientos años de historia. En la época de los jueces no hay rey en Israel (Jueces 17:6, 18:1, 19:1, 21:25). El libro fue escrito antes de la captura de Jerusalén por David (aproximadamente en el 1000 a. C.), dado que los jebuseos aún controlaban el lugar (1:21).

PROPÓSITO:

El libro de Jueces tiene como propósito mostrar el estado espiritual caótico en el que se encontraba Israel y sus constantes derrotas debido a su infidelidad. Además, habla de la manera en la que, en su gracia, el Señor los libraba utilizando hombres imperfectos y toscos.

¿QUÉ HAY EN EL LIBRO DE LOS JUECES?

Este es un libro principalmente temático y no cronológico, y puedes recorrerlo enfocándote en una introducción y luego en personajes sobresalientes.

Sesión 1: Un triunfo incompleto puede llegar a ser una derrota (1-2)
Sesión 2: Aod, un astuto zurdo usado por Dios (3:12-30)
Sesión 3: Débora, la sabia mujer líder del pueblo del Señor (4-5)
Sesión 4: Gedeón, el granjero desconocido que confió solo en Dios (6-8)
Sesión 5: Jefté: Triunfos y errores de un libertador problemático (10:6-12:7)
Sesión 6: Sansón, el fortachón más débil de la historia (13-16)

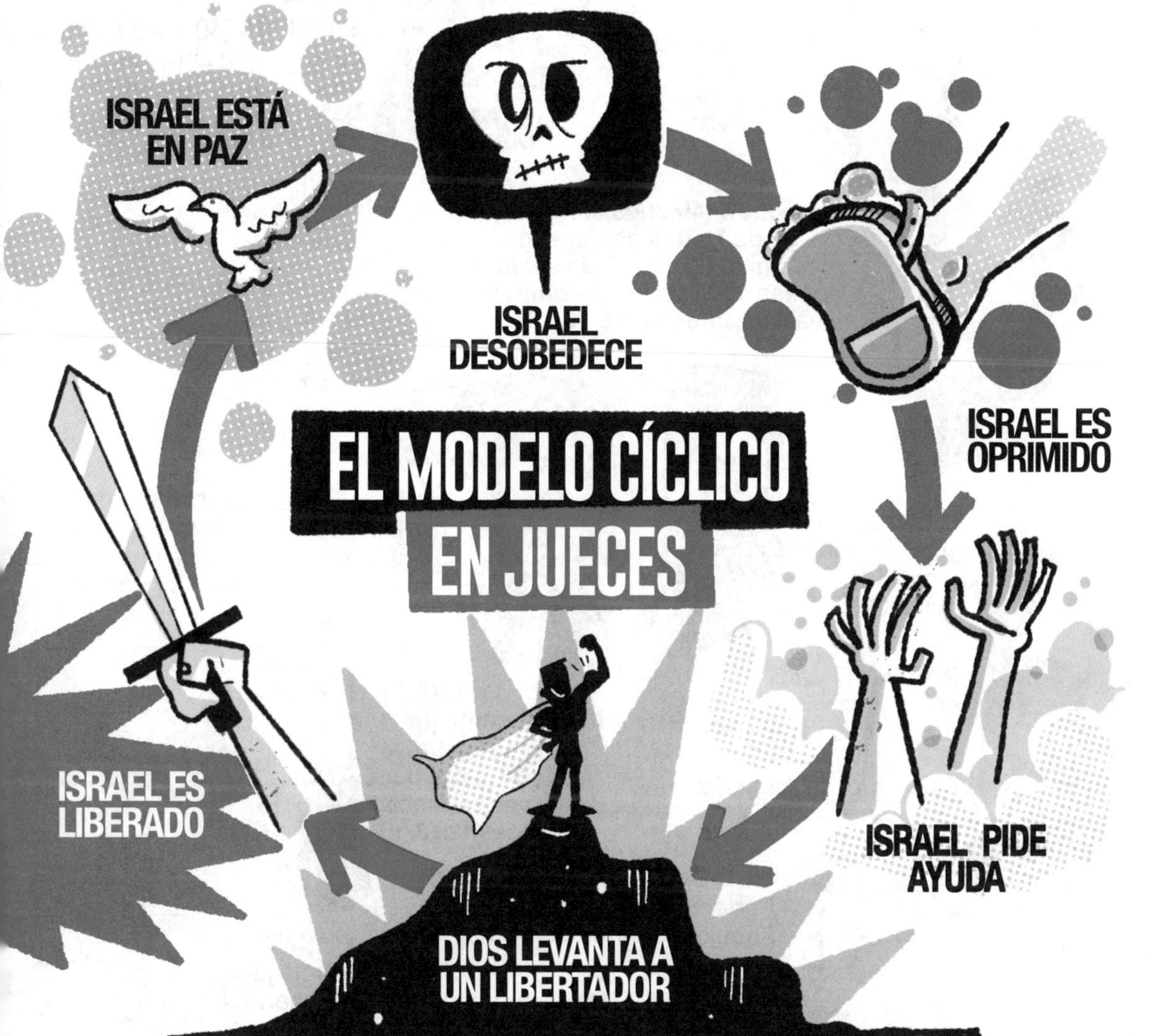

EL MODELO CÍCLICO EN JUECES

ISRAEL ESTÁ EN PAZ

ISRAEL DESOBEDECE

ISRAEL ES OPRIMIDO

ISRAEL PIDE AYUDA

DIOS LEVANTA A UN LIBERTADOR

ISRAEL ES LIBERADO

LOS 12 JUECES

1. OTONIEL (40 años como juez)
Rescató a Israel de los sirios (arameos). **Jueces 3:1-11**

2. AOD (80 años como juez)
Derrotó a los moabitas, mató al rey mediante una artimaña. **Jueces 3:12-30**

3. SAMGAR (? años como juez)
Mató a 600 filisteos con una pequeña herramienta para arrear ganado. **Jueces 3:31**

4. DÉBORA (40 años como juez)
Luego de 20 años de opresión de Canaán, Débora convenció a Barac para que atacara. Barac venció. **Jueces 4:1 - 5:31**

5. GEDEÓN (40 años como juez)
Luego de 7 años de opresión madianita, Gedeón los venció con apenas 300 hombres, trompetas y vasijas. **Jueces 7:1-25**

6. TOLA (23 años como juez)
Hijo de Fúa, hijo de Dodo de la tribu de Isacar. Vivió en Efraín. **Jueces 10:1-2**

7. JAIR (22 años como juez)
Un hombre de cierta riqueza que lideró a Israel. **Jueces 10:3-5**

8. JEFTÉ (6 años como juez)
Liberó a Israel de la opresión amonita después de hacer un voto al Señor. **Jueces 10:6 - 11:40**

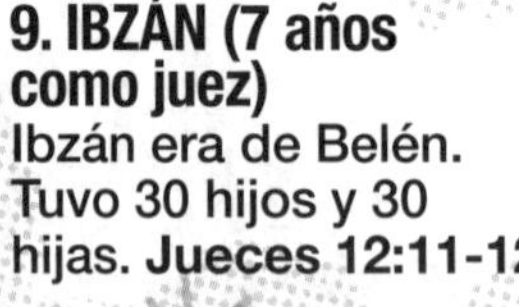

9. IBZÁN (7 años como juez)
Ibzán era de Belén. Tuvo 30 hijos y 30 hijas. **Jueces 12:11-12**

11. ABDÓN (8 años como juez)
Abdón, hijo de Hilel, tuvo 40 hijos y 30 nietos que cabalgaban en 70 asnos. **Jueces 12:13-15**

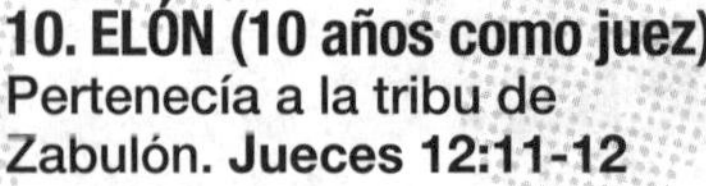

10. ELÓN (10 años como juez)
Pertenecía a la tribu de Zabulón. **Jueces 12:11-12**

12. SANSÓN (20 años como juez)
Nazareno con fuerza sobrenatural. Mató a 1000 filisteos y destruyó su templo. **Jueces 13:1 - 16:31**

TRES TEMAS IMPORTANTES EN
EL LIBRO DE LOS JUECES

1. LA FIDELIDAD DE DIOS

A pesar del ciclo de desobediencia, opresión, arrepentimiento y liberación, Jueces describe a Dios como justo y misericordioso.

2. COMPROMISO

Jueces explica que el compromiso con el mundo solo puede traer calamidad.

3. NECESIDAD DE LIDERAZGO DIVINO

Los fracasos de los líderes de Israel, padres, (Jueces 2:6-10), sacerdotes (Jueces 17:1-13) y demás (Jueces 8:27), señalaron la importancia del liderazgo divino, el cual llegó más tarde con el reinado davídico y finalmente el reinado de Cristo.

NOTAS PERSONALES PARA MI ESTUDIO BÍBLICO

EL LIBRO DE RUT

ORDEN EN EL ANTIGUO TESTAMENTO: **08**

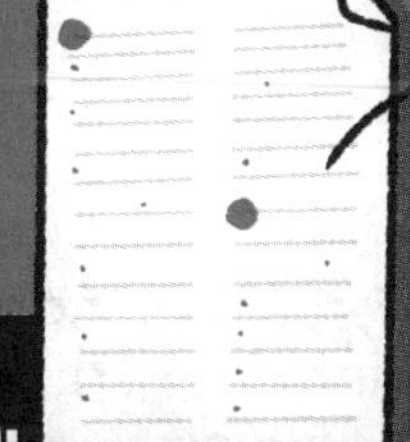

NÚMERO DE CAPÍTULOS: **04**

TIPO DE LIBRO: HISTÓRICO

FECHA & LUGAR:

Es probable que este libro fuera escrito poco antes o durante el reinado de David **(1011-971 a. C.)**, quien es incluso mencionado en Rut 4:17,22.

AUTOR:

El autor de esta obra es desconocido.

Algunos han sugerido a Samuel, pero no existen evidencias conclusivas al respecto.

DESTINATARIOS:

El libro le ofreció al pueblo una vista a la fe y la piedad, en medio de una crisis nacional y degeneración moral.

Este es uno de los libros más nobles de la Biblia, incluso por los trazos románticos en la manera en la que está escrito. En él se describe la línea ancestral del rey David; sin embargo, el libro es mucho más que una exposición legal. **Se trata de la historia de una familia (la de Elimelec), de una amistad (Noemí y Rut) y de un romance (el de Rut y Booz), y todo ello dentro del contexto de leyes y costumbres sumamente nobles y generosas.**

La obra muestra la gracia de Dios al incorporar a una mujer extranjera al pueblo de Dios y su providencia al dirigir los eventos hacia sus sabios propósitos.

La palabra **hebrea para** *redención* **aparece :** veces en este corto libro. **Ese es el enfoqu principal de Rut.**

DATOS HISTÓRICOS DEL

LIBRO DE RUT

El libro de Rut recibió su nombre de su protagonista principal, la heroína moabita que renunció a su tierra, a su familia, a su pueblo y a sus dioses para seguir a su suegra a un país extranjero, aceptando el pueblo, la familia y el Dios de ella.

El libro enseña una hermosa lección de tolerancia hacia los de otra raza y pueblo, así como la entrada de ellos en la religión verdadera mediante la profesión y la fe. **Así presagia este libro la universalidad del evangelio.**

El hermoso cuadro de los trabajadores en la mies que el libro de Rut presenta, así como la escena pastoral de la vida del pueblo en sus mejores días, fue probablemente lo que hizo que este libro se leyera en Pentecostés, día en que se celebraba la fiesta de las primicias de la cosecha.

DEL LIBRO DE RUT PUEDE DECIRSE QUE ES UN APÉNDICE DEL LIBRO DE LOS JUECES, PUESTO QUE ORIGINALMENTE ESTABA INCLUIDO EN EL ROLLO DEL LIBRO DE LOS JUECES.

El libro de Rut y otros cuatro (que aparecen juntos en la Biblia hebrea: Cantares, Lamentaciones, Eclesiastés y Ester) **formaban un grupo aparte, porque se leían en las sinagogas en ciertos días de fiesta.**

La historia de Rut era más interesante puesto que se relacionaba con los antepasados del rey David y de la dinastía que él encabezó.

NOTAS PERSONALES PARA MI ESTUDIO BÍBLICO

EL LIBRO DE 1 SAMUEL

ORDEN EN EL ANTIGUO TESTAMENTO: **09**

NÚMERO DE CAPÍTULOS: **31**

TIPO DE LIBRO: **HISTÓRICO**

La tradición judía menciona a los profetas Natán y Gad como dos de los redactores de estos libros, basados en 2 Cr 29:29.

AUTOR:

El autor del libro es desconocido. Samuel es una figura que destaca en este libro y se mencionan sus escritos (10:25). **1 y 2 Samuel fueron llamados así por ser este el último juez de Israel, uno de sus grandes profetas a quien Dios utilizó para el establecimiento de la monarquía.**

Pero no es probable que él lo escribiera, porque también su muerte es narrada en 1 Samuel 25:1.

De cualquier forma, el autor del libro presenta la perspectiva de Dios de la historia que acontece en el pueblo de Israel.

DESTINATARIOS:

Los receptores de este libro son los israelitas que vivieron durante los reinados de David y Salomón. La institución de la monarquía marcó una importante transición en la vida del pueblo, que vino desde la teocracia de Moisés y Josué, pasando luego por la anarquía en el período de los jueces. El pueblo no estuvo dispuesto a depender de Dios y prefirió un rey «como todas las demás naciones» (cap. 8).

FECHA & LUGAR:

La fecha de redacción del libro es incierta, pero no puede ser antes de la muerte de David, ya que ese evento es narrado al final de 2 Samuel. El libro cubre un período de más o menos un siglo, desde el nacimiento de Samuel hasta la muerte de Saúl y el inicio del reinado de David.

¿QUÉ HAY EN EL LIBRO DE 1 SAMUEL?

Selecciona pasajes del libro alrededor de la vida de tres personajes en tres sesiones:

Sesión 1: Samuel, el restaurador (cómo ser líder en tiempos de transición) (1-7)

Sesión 2: Saúl, el primer rey (cuando tener un gran potencial no es suficiente) (8-15)

Sesión 3: David, el futuro rey (el difícil camino de la preparación) (16-31)

TEMA PRINCIPAL DE 1 SAMUEL

En el canon judío los dos libros de Samuel forman uno solo. Juntos tienen como propósito presentar la transición del pueblo de Israel desde una federación de tribus hasta una monarquía mejor establecida.

12 TRIBUS
¡YO SOY SAÚL, EL ÚNICO REY DE ISRAEL!
¡YO SOY DAVID, UN HUMILDE Y JÓVEN PASTORCITO!
BEE, BEE

La evaluación que hace el autor de cualquier gobierno o rey es la soberanía de Dios quien, en último caso, es quien elige y tiene bajo control el destino de su pueblo, aun cuando este desea regir su propio destino.

Este primer libro trata de los orígenes de la monarquía, desde la figura transicional del profeta Samuel, pasando por el intento fallido con Saúl...

... hasta la preparación del rey definitivo de esta forma de gobierno: David.

ELÍ & SAMUEL

SEÑOR, HEME AQUÍ

1. Nacimiento y niñez de Samuel

1 SAMUEL 1:1-7:17

2. Guerra contra los filisteos

SAMUEL & SAÚL

1 SAMUEL 8:1-15:35

3. Saúl coronado rey de Israel

4. Dios rechaza a Saúl por su desobediencia

SAÚL & DAVID

1 SAMUEL 16:1-31:13

5. Samuel unge a David

6. David y Goliat

7. Amistad de David y Jonatán

8. Saúl persigue a David

9. Derrota y muerte de Saúl

SAÚL

LA HISTORIA DE TRES HOMBRES

ALGUNOS DATOS DE LA VIDA DE DAVID
EN EL LIBRO DE 1 SAMUEL

DESDE SU NACIMIENTO HASTA SU UNGIMIENTO

David era el más joven de ocho hermanos; era atractivo, músico y poeta. Sirviendo como pastor durante su juventud, fue valiente al hacer frente al peligro. Probablemente contaba de dieciséis a dieciocho años cuando fue ungido **(1 Samuel 16).**

DESDE SU UNGIMIENTO HASTA SU HUIDA DE LA CORTE DE SAÚL

Es llevado a la corte de Saúl para deleitarlo con música **(1 Samuel 16:14–23).**

Mata al gigante Goliat **(1 Samuel 17).** Saúl probablemente no reconoció a David.

David se gana el aprecio de Jonatán y es elevado por Saúl al cargo de capitán de gente de guerra, pero su prestigio y reputación provocan los celos de Saúl **(1 Samuel 18:1–9).**

Los celos de Saúl se manifiestan de varias formas: trata de clavar a David a la pared con una lanza (1 Samuel 18:10–30).

DESDE SU HUIDA HASTA QUE SAÚL ENTRA EN CAMPAÑA CONTRA ÉL

(1 Samuel 21:1-23:13)

Período en que Saúl persigue a David **(1 Samuel 23:14-26:25)**

El período del destierro en la tierra de los filisteos **(1 Samuel 27 - 2 Samuel 1)**

NOTAS PERSONALES PARA MI ESTUDIO BÍBLICO

EL LIBRO DE
2 SAMUEL

ORDEN EN EL ANTIGUO TESTAMENTO: 10

NÚMERO DE CAPÍTULOS: 24

TIPO DE LIBRO: HISTÓRICO

CONTINUACIÓN DE 1 SAMUEL

En el canon judío los dos libros de Samuel forman uno solo. Juntos tienen como propósito presentar la transición del pueblo de Israel desde una federación de tribus hasta una monarquía mejor establecida. Continuando la historia de Israel, desde la perspectiva teológica del reinado del Señor, 2 Samuel se concentra en el reino de David y su consolidación por etapas hasta que llega a dominar y unificar la nación.

Para ver más detalles de 2 Samuel en cuanto a fechas, destinatarios y autor, consulte la introducción del libro de 1 Samuel.

FECHA & LUGAR:

Como continuación de 1 Samuel, aquí se cubre el resto de la vida de David.

TEMA PRINCIPAL:

Continuando la historia de Israel, desde la perspectiva teológica del reinado del Señor, 2 Samuel se concentra en el reino de David y su consolidación por etapas hasta que llega a dominar y unificar la nación. A pesar de ello, el libro no olvida la evaluación profética del rey modelo y narra los fracasos y luchas en la corte davídica. De nuevo, es necesario recordar que el criterio de evaluación de los eventos y personajes es la soberanía del Señor.

La relación espiritual de «un hombre conforme al corazón de Dios» (David) con sus bendiciones y posteriores fallos que produjeron consecuencias.

2 Samuel 11 y 12 son el punto de inflexión en la vida de David y su reinado.

La infidelidad de la nación de Israel produjo consecuencias negativas, pero Dios premiaba la obediencia con sus grandes bendiciones.

SINOPSIS DEL REINADO DE DAVID
EN EL LIBRO DE 2 SAMUEL
1. SURGIMIENTO: DAVID EMPIEZA A REINAR SOBRE JUDÁ E ISRAEL
A. David después de la muerte de Saúl (1:1-27)
B. La casa de Saúl se opone a David (2:1-3:39)
C. David como la única autoridad sobre todo Israel (4:1-5:5)
D. Reinado inicial de David con poder y esplendor (5:6-10:19)
2. CAÍDA: DAVID PECÓ Y SE ARREPINTIÓ DELANTE DE DIOS
A. Adulterio de David con Betsabé y muerte de Urías (11:1-27)
B. Reprensión de Natán y arrepentimiento de David (12:1-31)
CRASHH!
3. DIFICULTADES: DAVID ENFRENTANDO LOS PROBLEMAS FAMILIARES
A. Tamar es violada por su medio hermano Amnón (13:1-21)
B. Absalón toma venganza asesinando a Amnón (13:22-39)
C. Huida y regreso de Absalón (13:34-14:24)
D. Belleza de Absalón y su reconciliación con David (14:25-33)
E. Sublevación y conspiración de Absalón contra David (15:1-12)
F. Huida de David y muerte de Absalón (15:13-18:33)
G. David llora por su hijo Absalón y regresa a Jerusalén (19:1-20:26)
4. HAZAÑAS:
AVID REALIZANDO
VENTOS FINALES DE
U REINADO
. Tres años de hambre y
horcamiento de los hijos de Saúl (21:1-14)
. Guerra contra los filisteos (21:15-22)
. David canta un salmo de alabanza a Dios
22:1-51)
. Últimas instrucciones y los valientes de
avid con sus hazañas (23:1-39)
. El pecado de David por censar al pueblo
la plaga resultante (24:1-25)

NOTAS PERSONALES PARA MI ESTUDIO BÍBLICO

EL LIBRO DE
1 REYES

ORDEN EN EL ANTIGUO TESTAMENTO: **11**

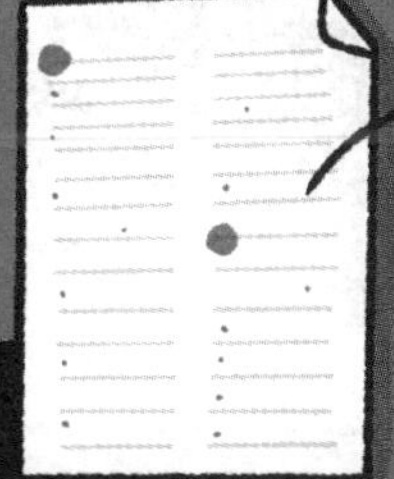

NÚMERO DE CAPÍTULOS: **22**

TIPO DE LIBRO: **HISTÓRICO**

AUTOR:

El autor del libro es desconocido, pero...

...algunos de los profetas tales como Natán, Gad, Elías, Eliseo, Isaías y también la tradición talmúdica sostienen que Jeremías fue el autor de 1 y 2 de Reyes.

Debe considerarse este libro en conjunto con el segundo libro de los Reyes (sería una sola narración histórica).

En la Biblia hebrea, 1 y 2 de Reyes formaban un solo libro que originalmente se llamó «el libro de los reyes».

FECHA & LUGAR:

Fue escrito probablemente entre el 560 y 540 a. C. **Los acontecimientos que cubren los dos libros son aproximadamente 400 años de la historia hebrea** (o sea, desde 971 a. C. -la muerte de David- hasta 561 a. C. -que es realmente la muerte del rey Nabucodonosor durante la cautividad babilónica-), desde la inauguración del reinado de Salomón hasta el trigésimo séptimo año de la cautividad babilónica.

PROPÓSITO:

Este libro es la continuación de 1 y 2 de Samuel y comienza por seguir la secuencia del surgimiento del reinado de Salomón después de la muerte de David. La historia comienza con un reino unido, pero termina con una nación dividida en dos reinos, conocidos como Judá e Israel.

Los reyes debían reconocer que el bienestar de la nación dependía de la sinceridad y fidelidad al pacto con Jehová y un invariable testimonio puro que honrara a Dios ante los paganos.

Esta narración histórica relata las carreras de los reyes de Israel y de Judá desde los días de Salomón hasta la caída de la monarquía judía ante los ejércitos de Nabucodonosor en el año 587 a. C.

¿QUÉ HAY EN EL LIBRO DE 1 REYES?

Utiliza tres sesiones para estudiar el contenido general de este libro. Haz énfasis en el contraste entre el éxito según los criterios de Dios y según los criterios humanos:

Sesión 1: Un solo reino bajo Salomón: cuando hay buenas decisiones hay éxito integral (1-11)

Sesión 2: El reino dividido: la aprobación de Dios depende de la obediencia a él (12-16)

Sesión 3: El choque de dos reinos: Elías y el reino de Dios contra Acab y el reino del hombre (17-22)

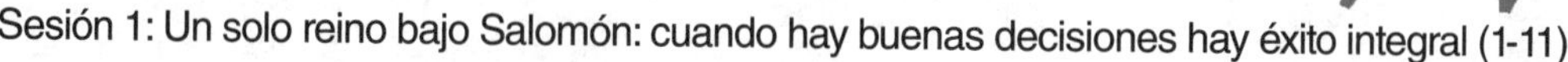

1 REYES EN RESUMEN

El libro tiene 3 divisiones principales:

I. EL REINADO Y LA GLORIA DE SALOMON:

- Reino unido en Israel **(1:1-10:29)**
- Se afirma el reinado de Salomón **(2:12-4:28)**
- La construcción del templo, edificios, barcos y el oro de Salomón **(5:1-10:2)**

SOY EL MÁS SABIO (4:28--29)

II. EL PECADO Y MUERTE DE SALOMÓN:

mis MUJERES
¿QUE HACEMOS HOY...?

- Corazón dividido de Salomón **(11:1-43)**
- Las muchas mujeres de Salomón **(11:1-8)**
- Los adversarios de Salomón **(11:9-40)**
- La muerte de Salomón **(11:41-43)**

III. EL REINO DIVIDIDO DE ISRAEL:

Los reinos y reyes del norte y del sur **(12:1-22:53)**

- La coronación de Roboam y la división del reino **(12:1-24)**
- Los reyes de Israel y Judá desde Jeroboam hasta Acab **(12:25-16:34)**
- Los ministerios de Elías y Eliseo y otros profetas **(17:1–22:40)**

CAUTIVERIO BABILÓNICO

BABILO

EL REINO DIVIDIDO & LOS REYES DE ISRAEL Y JUDÁ

¡ELLOS QUIEREN OTRO REY!

SAMUEL | SAÚL | DAVID | SALOMÓN

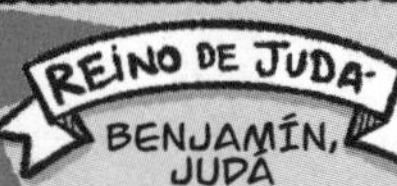

¡TODO SALIÓ MAL!

DE AQUÍ VIENE EL MESÍAS PROMETIDO

RUPTURA DEL REINO

SUR

LÍNEA DE TIEMPO

REYES DEL NORTE VS. REYES DEL SUR

Reyes del norte

- ✗ **Jeroboam I de Israel (12:25-14:20)** Rey malo por 22 años (976-954 a. C.)
- ✗ **Nadab de Israel (15:25-32)** Rey malo por 2 años (954-953 a. C.)
- ✗ **Baasa de Israel (15:33-16:7)** Rey malo por 24 años (953-930 a. C.)
- ✗ **Ela de Israel (16:8-14)** Rey malo por 2 años (930-929 a. C.)
- ✗ **Zimri de Israel (16:15-20)** Rey malo por 7 días (929 a. C.)
- ✗ **Omri de Israel (16:21-28)** Rey malo por 12 años (929-918 a. C.)
- ✗ **Acab de Israel (16:29-34)** Rey malo por 21 años (918-898 a. C.)
- ✗ **Ocozías de Israel (22:51-53)** Rey malo por 1 año (898-897 a. C.)

Reyes del sur

- ✗ **Roboam de Judá (14:21-31)** Rey malo por 17 años (976-959 a. C.)
- ✗ **Abiam de Judá (15:1-8)** Rey malo por 3 años (959–996 a. C.)
- ✓ **Asa de Judá (15:9-24)** Rey bueno por 41 años (956-915 a. C.)
- ✓ **Josafat de Judá (22:41-50)** Rey bueno por 25 años (915-893 a. C.)

La división del reino se inicia con la guerra civil entre Israel y Judá. La ruptura nunca pudo ser restaurada. Toda esta división ocurre en el año 931 a. C. En Jerusalén reinó el hijo de Salomón, Roboam, sobre dos tribus; en el norte reinó Jeroboam con diez tribus y estableció el reino de Israel. Jeroboam estableció dos lugares de culto (Betel y Dan) para que el pueblo no tuviera que ir a Jerusalén.

CUANDO LAS COSAS VAN MAL, LLAMEN AL GRAN PROFETA DE 1 REYES

¡TÚ ERES EL DIOS VERDADERO!
¡ESTOY EN SERIOS PROBLEMAS!

1 Reyes 12:1-22:53 - Cuando las cosas van mal en el pueblo, aparecen los profetas: Elías fue el gran profeta del norte (Israel) que habló contra las atrocidades idolátricas de Acab y Jezabel. Dios levantó a Elías para confrontar a Acab por su pecado y ejecutar juicio contra los profetas de Baal.

El mensaje y ministerio de Elías, al igual que el de Moisés y el de Jesús, fue demostrado por señales milagrosas.

1 Reyes termina con la alianza entre Acab de Israel y Josafat rey de Judá, una alianza temporal que no funcionó. Este libro termina después de cubrir aproximadamente 100 años de historia del pueblo de Israel.

NOTAS PERSONALES PARA MI ESTUDIO BÍBLICO

EL LIBRO DE 2 REYES

ORDEN EN EL ANTIGUO TESTAMENTO: 12

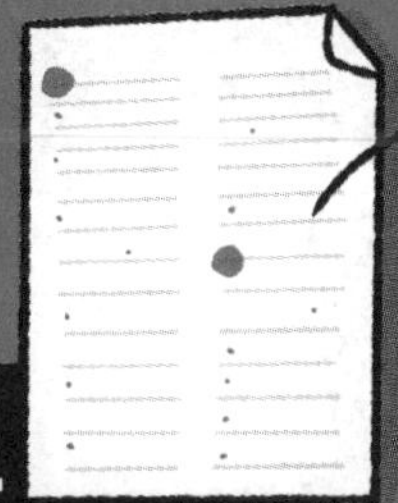

NÚMERO DE CAPÍTULOS: 25

TIPO DE LIBRO: HISTÓRICO

AUTOR: CONSULTE EL LIBRO 1 REYES

Los dos libros de Reyes forman un solo tomo en el canon hebreo. Algunos estudiosos han propuesto que fue recopilado por toda una escuela de escritores, pero no hay razón para dudar de que estos libros son obra de un solo autor, el cual echó mano de diversas fuentes históricas como *Las crónicas de Salomón* (1 R 11:41) o *Las crónicas de los reyes de Judá* (1 R 14:29), pero recuerda que estos no son los libros bíblicos de Crónicas, sino los registros oficiales de los reyes.

HEMOS SIDO DESTRUIDOS

El autor fue un judío que conocía bien la historia del pueblo de Israel, que fue testigo presencial del destino final del reino del sur y su capital (Jerusalén), que además tenía una mentalidad teológica proveniente de las ideas del pacto hecho con Moisés.

La tradición judía propone que el autor fue Jeremías y, aunque puede decirse que el estilo tiene similitudes con las ideas de ese profeta, la verdad es que no hay manera de saberlo con seguridad.

DESTINATARIOS:

Básicamente, el libro fue escrito para los judíos que habían sufrido la invasión final de los caldeos, tanto los pocos que se habían quedado en Jerusalén como los cautivos en Babilonia.

Debe haber sido trágico saber que ellos, que eran el pueblo de Dios, habían sido conquistados por un pueblo cruel, el cual destruyó la amada Jerusalén, arrasó con el sagrado templo y los arrancó de su querida tierra prometida.

FECHA & LUGAR:

Los libros de Reyes debieron haber sido escritos durante las primeras décadas del cautiverio y unos años después de la destrucción de Jerusalén, la cual ocurri en el año 586 a. C.

SINOPSIS DE LOS DOS REINOS
EN EL LIBRO DE 2 REYES

Este segundo tomo de la obra (véase la introducción a 1 Reyes) narra el trágico destino de los dos reinos que formaban el pueblo de Israel. El primero en ser llevado al cautiverio es el reino del norte (722 a. C., cap. 17), el cual es conquistado por los asirios. Unos años después, el reino del sur (Judá) también fue llevado cautivo por los babilonios (el cautiverio comienza en el año 605 a. C. y hay sucesivos ataques de los caldeos, hasta que en el año 586 a. C. la ciudad es destruida -cap. 25-). Siempre el criterio de evaluación fue la obediencia al pacto de Dios con su pueblo.

REINO DEL NORTE: ISRAEL

210 AÑOS / 20 REYES DE VARIAS DINASTÍAS

El más importante en lo político y económico, mucha riqueza y cultura pero espiritualmente corrupta.

DERROTA

En este período de la historia se habla de reyes y profetas en ambas naciones.

ASIRIA

Sargón II invade Israel y la conquista en el 722 a. C. (2 Reyes 17:3-6)

BYE 4EVER!
¿Y EL ARCA?
¡AHORA TODOS SE VAN CON NOSOTROS!

BABILONIA

Nabuconodosor invade Judá y la toma en el 586 a. C. (2 Reyes 25:1-21)

(2 Crónicas 36:15-21)

REINO DEL SUR: JUDÁ

345 AÑOS / 20 REYES DE UNA SOLA DINASTÍA

Espiritualmente, Judá era más importante que Israel, y por estar sobre un terreno montañoso y lejos de caminos transitados era por lo general ignorada, a diferencia de Israel que era constantemente invadida.

CAUTIVERIO

NOTAS PERSONALES PARA MI ESTUDIO BÍBLICO

EL LIBRO DE
1 CRÓNICAS

ORDEN EN EL ANTIGUO TESTAMENTO: 13

NÚMERO DE CAPÍTULOS: 29

TIPO DE LIBRO: HISTÓRICO

AUTOR:

Esdras
Según la tradición judía

Los libros de Crónicas forman, al igual que los de Reyes, un solo tomo en el canon hebreo.

Los libros de Crónicas están relacionados con Esdras. Ambos le dan importancia a las genealogías y además hacen énfasis en las ceremonias y en la fidelidad a la ley de Moisés.

Un detalle clave es que los últimos textos de 2 Crónicas (2 Cr 36:22-23) son los versículos iniciales de Esdras (Esd 1:1-3). Por esta razón, muchos se inclinan por la opinión de la tradición judía, la cual dice que el escritor es Esdras.

FECHA & LUGAR:

Después del exilio en Babilonia, los persas conquistaron a los caldeos y a partir del año 537 a. C. les dan permiso a los judíos de retornar a su tierra. El regreso se realiza bajo el apoyo de varios líderes, principalmente Zorobabel (año 536 a. C.), Esdras (año 458 a. C.) y Nehemías (445 a. C.). Si Esdras es el escritor de este libro, entonces la fecha en la que se escribió fue cerca del año 450 a. C. en la ciudad de Jerusalén, mientras se efectuaba la gran reforma espiritual bajo el liderazgo de Esdras.

PROPÓSITO:

1 Crónicas 29:10-19 resume los temas que el cronista deseaba comunicar: glorificar a Dios, gratitud por otorgar a la familia de David el liderazgo de la nación y el deseo de que los descendientes de David continúen dedicándose a Dios, ya que permanecer fiel a Dios cosecharía bendiciones. Podría agregarse también el legitimar la genealogía de David.

¿QUÉ HAY EN EL LIBRO DE 1 CRÓNICAS?

No olvides que este libro fue diseñado para establecer una conexión vital entre el presente del pueblo que ha regresado a su tierra y el pasado (por eso, no debes temerle a la sección de genealogías). Usa las siguientes tres sesiones para conocer este el libro:

Sesión 1: Las genealogías - Certificando el pasado para enfrentar el futuro 1-9).

Sesión 2: El ascenso de David, el rey que estableció el modelo para el reino (10-20)

Sesión 3: La organización del reino - El líder prepara eficientemente su salida (21-28)

DAVID & JESÚS

El rey David es el punto más alto de la historia que trata de presentar el libro de 1 Crónicas. Las genealogías apuntan a él y la última sección prepara su sucesión, pero él es el centro de esta historia. Recuerda que, en último caso, Jesucristo es el cumplimiento de la gran promesa hecha a David y su descendencia. Él es el rey davídico que trae bendición a toda la humanidad.

DESDE ADÁN HASTA DAVID
01- GENEALOGÍAS (1-9)
Genealogía desde el principio de la humanidad
Inicio de la nación de Israel
El regreso del remanente de Judá
JERUSALEN
1 CRÓNICAS EN DOS DIVISIONES:
Descripciones del reinado de David
Captura de Sion y los valientes de David
Descripciones del reinado de David
02- REINADO DE DAVID (10-29) Y SU HISTORIA
¡VIVA EL REY!
¡VIVA EL REY!
¡VIVA DAVID!

ESTILO DEL LIBRO:
NARRACIÓN HISTÓRICA
CRÓNICAS
Debido a que 1 y 2 Crónicas fueron escritos después del exilio, su propósito fue ayudar a aquellos que regresaron a Jerusalén a entender la manera de adorar a Dios.
JERUSALÉN
¿QUÉ PASÓ CON JERUSALÉN?
La historia se centra en el reino del sur, las tribus de Judá, Benjamín y Leví.
JUDÁ
REINO DEL SUR
SAMUEL
REYES
CRÓNICAS
Los libros de 1 y 2 Crónicas, en su mayor parte, cubren casi la misma información que 1 y 2 Samuel y 1 y 2 Reyes.

Originalmente, el autor escribió el acontecimiento como un solo volumen, para ser leído de principio a fin. En hebreo significa Hechos o Relatos de los días y era el nombre que se les daba a los registros oficiales guardados en los archivos de las cortes reales (eran los libros formales de historias registradas).

BOSQUEJO RESUMIDO DEL LIBRO DE 1 CRÓNICAS

El pasado de Israel formó una base confiable para la reconstrucción de la nación después del exilio.

Al volver a narrar la historia de Israel en las genealogías y en las historias de los reyes, el escritor establece el verdadero fundamento espiritual de la nación. Dios mantuvo sus promesas y estas se nos recuerdan en el registro histórico de su pueblo, de sus líderes, profetas, sacerdotes y reyes.

GENEALOGÍAS DE ISRAEL (1:1-9:44)

LAS TRIBUS DE ISRAEL

LINAJE DE LA NACIÓN

LOS QUE REGRESARON DEL CAUTIVERIO EN BABILONIA

DIOS CUMPLIÓ SU PROMESA

EL REINO DE DAVID (10:1-29:30)

DAVID REINA SOBRE TODO ISRAEL

DAVID TRAE EL ARCA A JERUSALÉN

ARREGLOS DE DAVID PARA LA CONSTRUCCIÓN DEL TEMPLO

NOTAS PERSONALES PARA MI ESTUDIO BÍBLICO

EL LIBRO DE 2 CRÓNICAS

ORDEN EN EL ANTIGUO TESTAMENTO: 14

NÚMERO DE CAPÍTULOS: 36

TIPO DE LIBRO: HISTÓRICO

VER INTRODUCCIÓN AL LIBRO DE 1 CRÓNICAS

AUTOR:

Esdras
Según la tradición judía
CRÓNICAS
II PARTE

Los libros de Crónicas forman, al igual que los de Reyes, un solo tomo en el canon hebreo.

FECHA & LUGAR:

Aproximadamente 430 a. C. Registra sucesos desde el comienzo del reinado de Salomón (970 a. C.) hasta el principio del cautiverio babilónico (586 a. C.).

SOY EL HOMBRE MÁS SABIO DEL MUNDO.

MARCO HISTÓRICO:

El segundo libro de Crónicas se asemeja a 1 y 2 Reyes y sirve como comentario de estos (originalmente, 1 y 2 Crónicas eran un solo libro). Fue escrito después del exilio desde la perspectiva sacerdotal, haciendo énfasis en la importancia del templo y los avivamientos religiosos en Judá. El reino del norte, Israel, es ignorado virtualmente en esta historia.

CRONOLOGÍA:

#NUEVOREY!

SALOMÓN COMIENZA SU REINADO (970 A. C.)

SE CONSTRUYE EL TEMPLO (966-959 A. C.)

SE DIVIDE EL REINO (930 A. C.)

- ASA SUBE AL TRONO DE JUDÁ (910 A. C.)
- JOSAFAT SE HACE REY DE JUDÁ (872 A. C.)
- ACAB MUERE EN BATALLA (853 A. C.)
- ATALÍA BUSCA EL TRONO (841 A. C.)
- UZÍAS ALCANZA EL REINO DE JUDÁ (792 A. C.)

CAE ISRAEL (REINO DEL NORTE) (722 A. C.)

- EZEQUÍAS LLEGA A SER REY DE JUDÁ (715. A. C.)
- SENAQUERIB SE BURLA DE EZEQUÍAS (701 A. C.)
- JOSÍAS LLEGA AL REINO (640 A. C.)

SE ENCUENTRA EL LIBRO DE LA LEY (622 A. C.)

CAE JUDÁ (REINO DEL SUR) (586 A. C.)

DECRETO DE CIRO (538 A. C.)

BOSQUEJO GENERAL DE 2 CRÓNICAS

El libro de 2 Crónicas es esencialmente una evaluación de la historia religiosa de la nación. La historia se centra en el reino del sur (las tribus de Judá, Benjamín y Leví). Los libros de 1 y 2 Crónicas, en su mayor parte, cubren casi la misma información que 1 y 2 Samuel y 1 y 2 Reyes.

EL LIBRO TIENE PRINCIPALMENTE DOS DIVISIONES:

1- EL REINO DE SALOMÓN

La riqueza y sabiduría de Salomón, 2 Cr. 1:1–17

Muchas actividades de Salomón (2 Cr 8:1-9:28)

La construcción y dedicación del templo de Salomón (2 Cr 2:1-7:22)

La muerte de Salomón (2 Cr 9:29-31)

R.I.P SALOMÓN

2- LOS REYES DE JUDÁ

La destrucción del templo (2 Cr 10:1-36:23)

Los reyes desde Roboam hasta Sedequías (2 Cr 10:1-36:21)

LOS JUDIOS PUEDEN REGRESAR Ciro

El decreto de Ciro (2 Cr 36:22-23)

NOTAS PERSONALES PARA MI
ESTUDIO BÍBLICO

EL LIBRO DE ESDRAS

ORDEN EN EL ANTIGUO TESTAMENTO: **15**

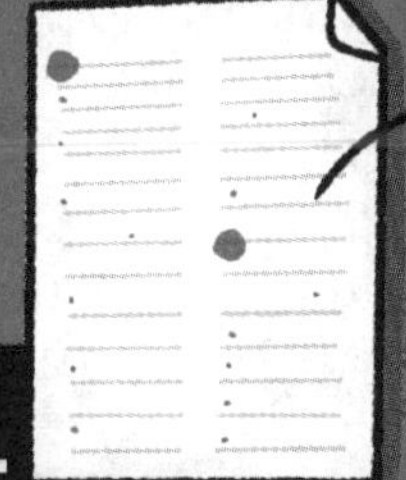

NÚMERO DE CAPÍTULOS: **10**

TIPO DE LIBRO: **HISTÓRICO**

AUTOR:

Aunque el libro mismo no lo dice, la opinión tradicional ha sido por mucho tiempo que el autor de este libro es el sacerdote Esdras.

Esdras 7:21 afirma que este era además **«maestro versado en la ley del Dios del cielo»**, lo cual nos comunica que él estaba capacitado para escribir este libro, y además tenía acceso a los documentos oficiales y registros mencionados en el libro.

De hecho, una parte está escrita en primera persona (Esdras 7:27-9:15), lo que refuerza la idea de que fue él quien lo escribió.

HAY VARIOS DOCUMENTOS MENCIONADOS EN EL LIBRO:

Lista de artefactos del templo (Esdras 1:9-11)

Lista de exiliados que regresaban a Jerusalén (Esdras 2:1-70)

Los líderes de las familias (Esdras 8:1-14)

La genealogía de Esdras (Esdras 7:1-5)

Además, hay siete cartas oficiales, seis de ellas escritas en el idioma arameo.

Todo lo anterior apunta a Esdras como escritor, ya que se trata de documentos a los que ese maestro tendría acceso como funcionario.

DESTINATARIOS:

Este libro fue escrito para que lo leyeran los judíos que habían regresado del cautiverio bajo el liderazgo de Esdras.

FECHA & LUGAR: JERUSALÉN

Esdras regresó en el año 458 a. C. a Jerusalén, así que esto significa que el libro se escribió después de esa fecha. La mayoría de los estudiosos consider[a] que su redacción fue terminada entre l[os] años 450-445 a. C., antes del regreso [de] Nehemías.

¿QUÉ HAY EN EL LIBRO DE ESDRAS?

Hay mucho que se puede aprender de este libro. Sin embargo, son dos las secciones que pueden utilizarse para conocer los conceptos básicos que comunica. Toma nota especialmente del papel de los líderes en este proceso.

Sesión 1: Regreso bajo Zorobabel. Misión: restaurar la casa de Dios (1-6)

Sesión 2: Regreso bajo Esdras. Misión: reformar moralmente la sociedad (7-10)

CONTEXTO HISTÓRICO

1. El cautiverio judío duró setenta años, pero no era la voluntad de Dios que su pueblo estuviese para siempre en tierra extraña.

2. Su gracia permitió que regresaran a la tierra de Canaán, tal y como lo había prometido por medio del profeta Jeremías (lee Jeremías 29:10-14).

3. Este libro fue escrito para que lo leyeran los judíos que habían regresado del cautiverio bajo el liderazgo de Esdras.

4. El primer grupo de unos 50 000 judíos había regresado bajo Zorobabel y se habían enfocado en la reconstrucción del templo (Esdras 1-6).

5. El segundo grupo, de unos 2000, fue dirigido por Esdras. Ahora la necesidad es de una reforma espiritual más amplia, un regreso a la obediencia a la palabra de Dios (Esdras 7-10). Esdras cubre ambos períodos.

LOS DOS VIAJES DE REGRESO

¡¡¡NOS VAMOS PARA NUESTRA TIERRA!!!

I. EL PRIMER VIAJE DE REGRESO:

Bajo el mando de Zorobabel (Esdras 1:1-6:22)

LOS JUDÍOS PUEDEN REGRESAR Ciro

El decreto de Ciro **(Esdras 1:1-11)**

La lista de nombres de exiliados que regresaron a Jerusalén **(Esdras 2:1-70)**

Restauración del altar y de la adoración a Dios **(Esdras 3:1-13)**

Los adversarios detienen la construcción **(Esdras 4:23)**

Continuación y terminación del templo **(Esdras 5:1-6:22)**

II. EL SEGUNDO VIAJE DE REGRESO:

Bajo el mando de Esdras **(Esdras 7:1-10:44)**

PUEDEN IRSE...

El decreto de Artajerjes **(Esdras 7:1-28)**

La lista de nombres de exiliados que regresaron a Jerusalén **(Esdras 8:1-36)**

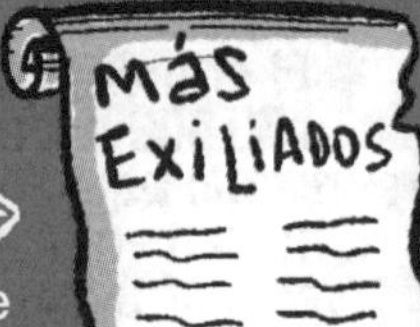

Los adversarios detienen la construcción **(Esdras 4:23)**

ESDRAS, UNO DE LOS TRES

LIBROS POSEXÍLICOS

Los libros posexílicos (después del exilio) son Esdras, Nehemías y Ester. Estos libros describen las condiciones físicas, sociales, políticas y espirituales de los judíos durante el período de culminación de la cautividad babilónica. Las actividades de estos tres libros cubren un tiempo de aproximadamente 108 años (desde el 538 al 430 a. C.).

ASÍ COMO HUBO TRES DEPORTACIONES DESDE JERUSALÉN A BABILONIA EN EL 605, 597 Y 586 A. C., TAMBIÉN HUBO TRES REGRESOS DE LA CAUTIVIDAD:

1ER RETORNO:

Del 537 a. C. al 516 a. C.

RESTAURACIÓN DEL TEMPLO

BAJO LA GUÍA DE ZOROBABABEL (ESDRAS 1-6)
El edicto de Ciro les permitió a los judíos volver a Jerusalén.

57 AÑOS DE HISTORIA
(CASI 80 AÑOS DESDE EL PRIMER RETORNO)

El libro de Ester relata acerca de los judíos que desobedecieron y se quedaron en Persia en lugar de regresar a Jerusalén.

2DO RETORNO:

Del 458 a. C.

REFORMAS DEL PUEBLO

BAJO LA GUÍA DE ESDRAS (ESDRAS 7-10)
El decreto de Artajerjes les permitió a los judíos volver a Jerusalén.

3ER RETORNO:

Del 444 a. C. al 432 a. C. aprox.

RECONSTRUCCIÓN DE LOS MUROS

BAJO LA GUÍA DE NEHEMÍAS

NOTAS PERSONALES PARA MI ESTUDIO BÍBLICO

EL LIBRO DE NEHEMÍAS

ORDEN EN EL ANTIGUO TESTAMENTO: 16

NÚMERO DE CAPÍTULOS: 13

TIPO DE LIBRO: HISTÓRICO

Se ha atribuido la autoría de este libro a Nehemías, el administrador civil que dirigió el tercer grupo de judíos que regresaban a su tierra para reconstruir el muro de la ciudad de Jerusalén. Algunas partes del libro contienen sus memorias **(Nehemías 1:1-7:5, 11:1-2, 12:27-43, 13:4-31).**

AUTOR:

Nehemías

¡¡ESTÁ EXCELENTE!!

Siguiendo la costumbre de los babilonios de aprovechar el talento de los pueblos conquistados, este hombre fue nombrado *copero*, es decir, el encargado de probar la copa y comida del rey Artajerjes, el cual era un cargo de mucha confianza en el palacio.

DESTINATARIOS:

A los judíos que ya estaban viviendo de regreso en la tierra de Israel, después del cautiverio. Estos judíos, aunque ya habían finalizado la reconstrucción del templo, estaban en una situación riesgosa ya que los muros de la ciudad estaban aún destruidos; estaban inseguros, a merced del ataque de animales salvajes y sobre todo de enemigos que podrían amenazarlos.

FECHA & LUGAR:

Este libro fue escrito en la ciudad de Jerusalén. La fecha más probable es poco tiempo después de los eventos que narra (la fecha más probable es el 430 a. C.).

Debes tomar en cuenta que este es el libro que narra los últimos eventos históricos del Antiguo Testamento.

Este libro continúa el relato de los judíos que restauraban su nación después del cautiverio, el cual fue iniciado por el libro de Esdras. Ambos personajes se complementan, ya que el sacerdote Esdras se ocupa de la purificación espiritual del pueblo, mientras que Nehemías, un administrador, se preocupa por la protección física del pueblo mientras edifican.

NEHEMÍAS, UNO DE LOS TRES LIBROS POSEXÍLICOS

Este libro continúa la historia del regreso de los judíos de la cautividad en Babilonia y la reconstrucción de los muros de Jerusalén. Es importante saber que el libro de Nehemías es uno de los últimos libros históricos del Antiguo Testamento, y aunque el libro de Ester en nuestras Biblias está colocado después de Nehemías, los acontecimientos narrados en Ester ocurrieron antes de los acontecimientos narrados en Nehemías.

RECONSTRUCCIÓN DE LOS MUROS: NEHEMÍAS 1:1-7:73

...Y ESTE ES EL PLAN PARA LEVANTAR LOS MUROS.

MUROS

1. Nehemías recibe malas noticias y ora al respecto (Nehemías 1:1-11)

2. Nehemías y su preparación para la reconstrucción de los muros (Nehemías 2:1-20)

3. La restauración de los muros (Nehemías 3:1-6:19)

4. Planes de Nehemías para repoblar Jerusalén (Nehemías 7:1-73)

REFORMAS DEL PUEBLO: NEHEMÍAS 8:1-13:31

LEY

5. Esdras da lectura de la ley y confiesa los pecados de Israel (Nehemías 8:1-9:37)

6. El pueblo renueva el pacto y promete obedecer la ley de Dios (Nehemías 9:38-10:39)

¡LO PROMETEMOS!

7. Lista de los residentes de Jerusalén, dedicación del muro y reformas de Nehemías (Nehemías 11:1-13:31)

NOTAS PERSONALES PARA MI ESTUDIO BÍBLICO

EL LIBRO DE ESTER

ORDEN EN EL ANTIGUO TESTAMENTO: **17**

NÚMERO DE CAPÍTULOS: **10**

TIPO DE LIBRO: **HISTÓRICO**

El libro no da indicios acerca de la identidad de su autor. Algunos incluso han llegado a sugerir a Esdras o Nehemías, pero son solamente especulaciones.

AUTOR:

Lo más probable es que el escritor fuera un **judío** que **vivía en Persia** durante el exilio de los judíos.

Aparentemente fue alguien muy familiarizado con las costumbres y la cultura persa, así como con los procedimientos oficiales del palacio. Además, escribe como alguien que es un testigo presencial de muchos de los eventos que narra.

ESTER

DESTINATARIOS:

P·U·R·I·M

Una de las razones por las que se escribió este libro fue para explicar el origen de la fiesta de Purim, uno de los festivales judíos más populares. Los lectores originales serían, entonces, los judíos que aún estaban en el exilio que comenzó con las invasiones de los caldeos a finales del siglo VII e inicios del siglo VI a. C.

FECHA & LUGAR:

En la obra se describen eventos que ocurren durante el exilio de los judíos (de hecho, se ubican entre los capítulos 6 y 7 de Esdras). La fecha de su escritura, entonces, se ubica más o menos en el año 450 a C., unos ocho años después del viaje de Esdras a la tierra prometida y posiblemente durante el reinado del rey persa Artajerjes (464-424 a. C.)

Este es uno de los dos libros de la Biblia que no mencionan el nombre de Dios (el otro es Cantares) y uno de los dos libros que llevan el nombre de una mujer (el otro es Rut). Aunque el nombre de Dios no aparece, es una de las narraciones en las que se aprecia de manera clara la providencia divina, aun en medio de naciones paganas y circunstancias adversas.

ESTER, UNO DE LOS TRES LIBROS POSEXÍLICOS

Esta obra tiene como propósito mostrarles a los judíos, tanto a los que aún están en cautiverio como a los que han regresado a su tierra, que el **Señor sigue protegiendo a su pueblo, incluso en tierras paganas y en medio de amenazas.**

EL LIBRO TIENE 2 DIVISIONES PRINCIPALES:

I. LA VIDA DURA DEL PUEBLO DE DIOS (ESDRAS 1:1-5:14)

1. La fiesta de Asuero y el divorcio de Vasti
(Ester 1:1-22)

2. La elección de Ester como reina
(Ester 2:1-23)

3. Complot de Amán para exterminar a los judíos
(Ester 3:1-15)

4. Mardoqueo persuade a Ester para que no exterminen a los judíos
(Ester 4:1-17)

5. Ester invita a Amán al primer banquete
(Ester 5:1-14)

II. LA PROTECCIÓN PARA EL PUEBLO DE DIOS (ESDRAS 6:1-10:3)

6. Amán, humillado ante Mardoqueo
(Ester 6:1-14)

7. Segundo banquete de Ester y ejecución de Amán
(Ester 7:1-10)

8. Decreto de Asuero liberando a los judíos
(Ester 8:1-17)

9. Institución de la fiesta de Purim
(Ester 9:1-32)

10. Mardoqueo, primer ministro de Persia
(Ester 10:1-3)

NOTAS PERSONALES PARA MI ESTUDIO BÍBLICO

EL LIBRO DE JOB

ORDEN EN EL ANTIGUO TESTAMENTO: 18

NÚMERO DE CAPÍTULOS: 42

TIPO DE LIBRO: POÉTICO SAPIENCIAL

AUTOR:

DIOS TIENE EL CONTROL DE TODAS LAS COSAS...
JOB

No se sabe quién fue el autor, aunque se han propuesto varios candidatos, entre ellos Moisés, Salomón o uno de sus contemporáneos, y el mismo Job. No hay manera de saberlo. **Sin embargo, casi todos concuerdan con que se trata de un autor de la época de los patriarcas altamente calificado y con una gran profundidad teológica.**

Se acepta que el libro es una unidad, debido a que el desarrollo del argumento es bastante consistente en todas sus partes. Los intentos por separar ciertas secciones no son convincentes.

DESTINATARIOS:

Es indudable que el libro de Job tiene su origen en los escritos de sabiduría de Israel y que sus personajes comparten muchas ideas teológicas y morales provenientes del pueblo de Dios. **Sin embargo, como otros libros de sabiduría, tiene en mente una audiencia mucho mayor; es decir, personas de todas las épocas y lugares.**

El libro de Job describe el problema del sufrimiento inmerecido que los justos llevan en esta vida.

FECHA & LUGAR:

No sabemos cuál fue el lugar en el que se escribió esta obra. Algunos han tratado de asignar lugares fuera de Israel para la composición de este libro, como por ejemplo, Egipto o Arabia; sin embargo, es evidente que las ideas generales del autor provienen de la tradición hebrea. En cuanto a la fecha, los estudiosos no se ponen de acuerdo: las fechas varían desde la época patriarcal (unos 2000 años antes de Cristo) hasta el siglo II a. C.

Ciertos detalles lingüísticos, así como la falta de mención del sistema sacrificial, de la historia y las leyes de Israel han hecho que muchos estudiosos se inclinen por la opinión de que este es uno de los libros bíblicos más antiguos (quizás fue escrito en 2000 a. C., en tiempos de Abraham).

¿QUÉ HAY EN EL LIBRO DE JOB?

Job es como una gran obra de teatro, escrita para cubrir diferentes actitudes y soluciones ante el conflicto planteado por el autor. La primera y la última sesión están dedicadas al prólogo y al epílogo, respectivamente, pero las cuatro sesiones intermedias están dedicadas a las posibles respuestas de los amigos de Job.

Sesión 1: Dios, Satán y Job. Un vistazo a la batalla cósmica (1-2)

Sesión 2: Elifaz, el intelectual, explica el dolor de Job: «Dios es puro. El ser humano es quien atrae los problemas» (3-5; 12-15; 21-22)

Sesión 3: Bildad, el tradicionalista, explica el dolor de Job: «Dios no tuerce la justicia. Es el ser humano el que se olvida de él» (6-8; 16-18, 23-26)

Sesión 4: Zofar, el moralista, explica el dolor de Job: «Dios conoce cuando eres impío» (9-11; 19-20; 27)

Sesión 5: Eliú, el joven, da su opinión: «Los sufrimientos refinan al justo» (32-37)

Sesión 6: Dios confronta a Job y lo restaura (38-42)

PROPÓSITO DEL LIBRO DE JOB

El libro trata del problema teórico del dolor en la vida de los piadosos. Se trata de contestar el interrogante: ¿por qué deben sufrir los justos?

¡SEÑOR! ¿POR QUÉ A MÍ?
Dios merece ser amado aunque no entendamos por qué les suceden cosas malas a las personas buenas.
AUN ASÍ, TE ALABO...
El sufrimiento humano tiene solución porque Dios es capaz de inspirar en el hombre un deseo desinteresado de amarlo a pesar de las pruebas.
GRACIAS, DIOS, PORQUE ME HAS MOSTRADO TU AMOR EN MEDIO DE LA PRUEBA
SUFRIMIENTO
Los designios de Dios no puede comprenderlos la mente humana.
Dios puede permitir el sufrimiento como medio para purificar el corazón en la fe y la piedad.
ME CUESTA ENTENDER...

EL SUFRIMIENTO DE JOB

JOB, UNO DE LOS CINCO LIBROS POÉTICOS

La poesía hebrea está casi en todas partes del Antiguo Testamento, pero solo cinco libros se escribieron de manera práctica (Job, Salmos, Proverbios, Eclesiastés y Cantares). Estos, a excepción de Job, se escribieron durante la época de la monarquía unida, o sea, durante los reinados de David y Salomón, donde reinaba la paz. Esta época es considerada la edad de oro de la literatura de Israel.

Estos cinco libros poéticos unidos forman un puente entre los libros históricos de Génesis a 2 Crónicas y los libros proféticos de Isaías a Malaquías. En esta literatura se hallan reflejados los problemas, las experiencias, las creencias, las filosofías y las actitudes de los israelitas.

Job: describe el problema del sufrimiento inmerecido que los justos llevan en esta vida.

Salmos: son cánticos de alabanzas y adoración que demuestran todas las emociones del ser humano.

Eclesiastés: enseña que la vida sin Dios es insoportable, aconsejando que si el hombre no tiene una correcta relación con Dios vivirá una vida vacía.

PROVERBIOS

Proverbios: da principios e instrucciones valiosas para todas las áreas de la vida, para que podamos vivir de manera sabia.

Cantar de los Cantares: es un poema inspirado que revela el beneficio y el peligro del amor humano dentro y fuera del matrimonio.

NOTAS PERSONALES PARA MI ESTUDIO BÍBLICO

EL LIBRO DE
SALMOS

ORDEN EN EL ANTIGUO TESTAMENTO: **19**

NÚMERO DE CAPÍTULOS: **150**

TIPO DE LIBRO: POÉTICO SAPIENCIAL

AUTORES:

La verdad es que los salmos siempre se identifican con el más famoso rey de Israel porque es quien más salmos escribió (casi la mitad), pero no todos son de su autoría: Asaf escribió doce salmos, los hijos de Coré son los compositores de once, los sabios Hemán y Etán (los ezraítas; lee 1 Reyes 4:31) escribieron uno cada uno (Salmo 88 y 89), y Moisés escribió uno (Salmo 90). De los 51 restantes no se conoce su autor.

DESTINATARIOS:

La colección fue compilada con el pueblo de Israel en mente para su instrucción, la expresión de sus sentimientos y sobre todo para servir dentro del culto comunitario en el templo y, después del cautiverio, en las sinagogas.

Por supuesto, también cada salmo tuvo su origen particular y una situación específica que le dio origen, y expresa sentimientos personales.

FECHA & LUGAR:

Los salmos se escribieron en un marco de tiempo bastante amplio –quizás unos 500 años–, desde la época de David hasta el tiempo posterior al cautiverio. Incluso el salmo 90, compuesto por Moisés, fue escrito mucho tiempo antes. Sin embargo, la colección fue reunida en su forma actual en la época posterior al exilio. Muchas fuentes antiguas asignan a Esdras el trabajo de recopilar y colocar juntos todos los salmos; si esto es así, significa que el libro finalmente fue publicado a mediados del siglo V a. C.

PROPÓSITO:

Es mostrarnos los cánticos, poemas y oraciones nacidos de la experiencia espiritual de una comunidad que adora.

El adorador, en los salmos, toma la palabra para dirigirse a Dios y compartir las experiencias y las aspiraciones más profundas del alma: luchas y esperanzas, triunfos y fracasos, adoración y rebeldía, gratitud y arrepentimiento…

¿QUÉ HAY EN EL LIBRO DE SALMOS?

Una idea para estudiar los salmos es tomar los tipos de salmos que existen y aprender las maneras diferentes en las que los salmistas le cantaron al Señor acerca de sus alegrías, tristezas, dudas y confianza en él.

Sesión 1: salmos de alabanza (expresión de acción de gracias a Dios por su ser y sus obras - Sal 66, 67, 113, 116)

Sesión 2: salmos de penitencia (expresión de arrepentimiento por el pecado (Sal 6, 32, 38, 51)

Sesión 3: salmos históricos (expresión de los sentimientos ante la historia del pueblo de Dios (Sal 78, 105, 106, 136)

Sesión 4: salmos proféticos (expresión de la esperanza que se cumple en el Mesías (Sal 2, 22, 45, 72, 110)

Sesión 5: salmos imprecatorios (expresión de la petición por justicia ante el Señor (Sal 5, 7, 35, 69, 109, 137)

AL LEER LOS SALMOS, ES IMPORTANTE RECORDAR QUE SON:

CLAVES PARA LEER LOS SALMOS

01. POESÍA: como tal, están llenos de imágenes y metáforas, de manera que no todo debe entenderse literalmente.

02. ALABANZA: el título en hebreo del libro es *Tehilim* (**«canciones de alabanza»**), lo que indica que fueron creadas para ser cantadas. Son alabanzas dirigidas a Dios, por lo que él es y por lo que ha hecho.

03. ORACIONES: son palabras para Dios en lugar de ser palabras de Dios, y por lo tanto expresan los sentimientos del escritor y no necesariamente el sentir de Dios. Como lectores, no debemos confundir este aspecto.

04. PROFECÍAS: Algunos salmos señalan a Jesús en forma directa o fueron citados por él mismo, como los salmos 22:1 y 118:22.

SALMOS
«RÓMPELES LA QUIJADA A MIS ENEMIGOS» (SALMO 3:7)
ERES MI BUEN PASTOR

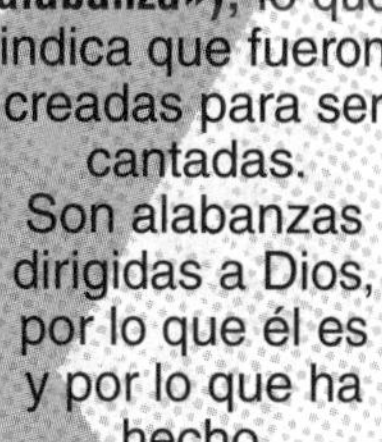

TOP 10 DE LOS SALMOS

Los salmos abarcan todos los aspectos de la vida. Esta es una lista de los diez salmos más conocidos:

1. La maravilla de la creación **(Salmos 8)**

2. ¿Dónde estás, Dios? **(Salmos 22)**

3. El Señor es mi pastor **(Salmos 23)**

4. Debemos confesar nuestros pecados **(Salmos 32)**

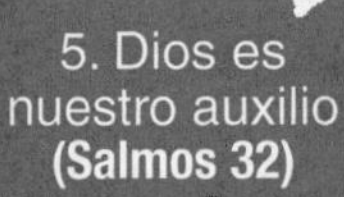

5. Dios es nuestro auxilio **(Salmos 32)**

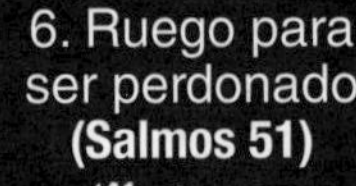

6. Ruego para ser perdonado **(Salmos 51)**

7. Confianza en Dios **(Salmos 91)**

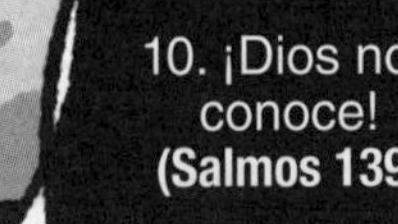

8. Dios es compasivo **(Salmos 103)**

9. Dios es nuestro creador **(Salmos 121)**

10. ¡Dios nos conoce! **(Salmos 139)**

SALMOS, UNO DE LOS CINCO LIBROS POÉTICOS

Jesús dividía al Antiguo Testamento en tres secciones: la ley, los profetas y los salmos (**Lc 24:44**).

La tradición hebrea del midrash dice que los judíos dividieron los Salmos en cinco secciones y cada uno corresponde a los cinco libros de Moisés o Pentateuco.

Salmos 1-41: el primer libro de los Salmos corresponde al libro de Génesis y tiene básicamente el mismo mensaje, presentando a Dios como el Creador y sustentador del universo y el Creador del hombre.

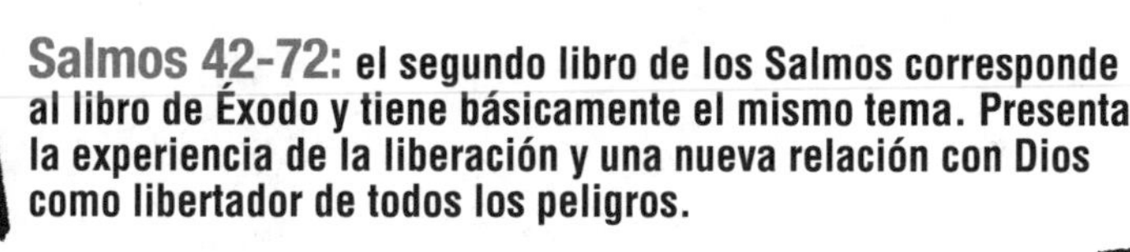

Salmos 42-72: el segundo libro de los Salmos corresponde al libro de Éxodo y tiene básicamente el mismo tema. Presenta la experiencia de la liberación y una nueva relación con Dios como libertador de todos los peligros.

Salmos 73-89: el tercer libro de los Salmos corresponde al libro de Levítico y enfatiza fundamentalmente el mismo tema. Este es el libro del tabernáculo de la adoración que el hombre debe ofrecerle a Dios, revela cómo es Dios y cómo es el hombre cuando se acerca ante él.

Salmos 90-106: el cuarto libro de los Salmos corresponde al libro de Números y describe la experiencia del fracaso humano en el desierto. En todo este cuarto libro encontramos similitudes con el libro de Números como victorias, derrotas, murmuraciones y disciplina de Dios.

Salmos 107-150: el quinto libro de los Salmos corresponde al libro de Deuteronomio y enfatiza primordialmente el mismo tema, que es la obediencia a la ley / palabra de Dios.

NOTAS PERSONALES PARA MI ESTUDIO BÍBLICO

EL LIBRO DE PROVERBIOS

ORDEN EN EL ANTIGUO TESTAMENTO: 20

NÚMERO DE CAPÍTULOS: 31

TIPO DE LIBRO: POÉTICO SAPIENCIAL

AUTOR:

El punto de vista tradicional es que el rey Salomón escribió la mayoría de los proverbios encontrados en este libro. 1 Reyes 4:32-33 específicamente indica que no solo estaba capacitado para escribir una colección como esta, sino que escribió mucho más de lo que aparece en este libro.

Sin embargo, él no es el único autor. La misma sección escrita por Salomón menciona lo que algunas traducciones llaman «los dichos de los sabios» (22:17-24:34). También se menciona a Agur, hijo de Jaqué, como el autor de los dichos del capítulo 30 y al rey Lemuel como la fuente del capítulo 31.

Aunque la tradición judía afirma que estos dos nombres también se refieren a Salomón, no hay manera de comprobarlo.

DESTINATARIOS:

Ahora bien, como libro, Proverbios fue publicado para registrar la sabiduría de Salomón y otros grandes pensadores para que sirvieran como guías en la vida diaria de las personas. **Como escrito es un llamado a tomar el camino de la sabiduría**; así, se trata de una obra dirigida principalmente –aunque no exclusivamente– a los jóvenes (lee 1:4) quienes se encuentran en el proceso de tomar una decisión entre vivir de acuerdo a los principios de la sabiduría o los de la necedad.

FECHA & LUGAR:

El capítulo 25 registra que un grupo de escribas o sabios nombrados por el rey Ezequías copiaron otros proverbios de Salomón y también posiblemente los de los capítulos 30 y 31, lo cual apunta a que el libro fue compilado en esa época. Entonces, en cuanto a la fecha, se puede decir que para el año 700 a. C. el libro podría haber sido ya recopilado en sus varias secciones.

¿QUÉ HAY EN EL LIBRO DE PROVERBIOS?

Parte del contenido de Proverbios fue escrito para que funcionara por sí solo, sin necesidad de un contexto que le diera continuidad a los pensamientos. Se sugiere esta lista de temas y algunos textos representativos de lo que el libro enseña acerca de cada tema:

Sesión 1: Un llamado urgente a ser sabio (1-9)
Sesión 2: Consejos acerca de la amistad (14:20; 17:9, 17; 18:24; 19:4; 25:17-19; 27:5-10)
Sesión 3: Consejos acerca del trabajo y la pereza (6:6-9; 12:24-27; 16:26; 18:9; 21:25; 22:19)
Sesión 4: Consejos acerca del sexo opuesto (5:20; 11:16, 22; 12:4; 14:1; 31:10-31)
Sesión 5: Consejos acerca de las palabras (4:24; 8:8; 12:6, 25; 15:26; 16:24, 28; 17:27; 20:19; 25:11)
Sesión 6: Consejos acerca de la riqueza y pobreza (3:9; 10:2-4, 15; 10:22; 12:27; 13:7-8; 14:31)
Sesión 7: Consejos acerca de las relaciones entre padres e hijos (1:8; 10:1; 13:1, 24; 15:20; 17:21)
Sesión 8: Qué significa vivir bajo el temor del Señor (1:7; 2:5; 9:10; 14:26-27; 15:33; 16:6; 19:23)

TRES DIVISIONES DE PROVERBIOS

01- EL PROPÓSITO DEL LIBRO DE PROVERBIOS

(Proverbios 1:1-7)

INTRODUCCIÓN:

Objetivo por el cual se escribe el libro. Frases resumidas de sabiduría, muy penetrantes y que enseñan lo bueno y lo malo.

02 - LOS PRINCIPIOS

(Proverbios 1:8 al cap. 29)

SALOMÓN Y LOS SABIOS:

- Instrucciones
- Advertencias
- Valores
- Consejos
- Virtudes
- Defectos

03- LOS DOS DISCURSOS

(Proverbios 30-31)

AGUR & LEMUEL

- Discurso de Agur sobre diversos temas
- Discurso de Lemuel sobre diversos temas
- Acróstico sobre la mujer virtuosa

1. El propósito de la sabiduría (Proverbios 1)
EL ABC DE LOS PROVERBIOS
2. Instrucciones sobre la sabiduría (Proverbios 2)
SABIDURÍA
3. Benefici
la sabidu
(Proverbio
4. El reto de mantenerse en el camino de la sabiduría (Proverbios 4)
5. El costo de haber cometido adulterio (Proverbios 6)
XXX VIDEOS
6. El llamado de la sabiduría (Proverbios 8)
SABIDURÍA
7. Los caminos de Dios en contraste con los caminos del hombre (Proverbios 16)
CAMINO DE DIOS
CAMINO DEL HOMBRE
8. Cómo se llega a ser necio (Proverbios 26)
COMO SER NECIO EN 12 PASOS
BEST SELLER
9. Contrastes entre el malo y el justo (Proverbios 28)
10- La mujer virtuosa (Proverbios 31)
CAPÍTULOS IMPORTANTES SOBRE LA SABIDURÍA

PROVERBIOS, UNO DE LOS CINCO
LIBROS POÉTICOS
HAY QUE RECORDAR QUE EL PROPÓSITO Y EL CONTENIDO DEL LIBRO DE PROVERBIOS ES DARNOS PRINCIPIOS ÉTICOS, MORALES, SOCIALES, INTELECTUALES, ETC., Y NO PROMESAS.
PON MUCHA ATENCIÓN EN LO QUE ENCONTRAMOS DE MANERA GENERAL EN EL LIBRO DE PROVERBIOS:
LA RELACIÓN DEL HOMBRE CON DIOS
• Su confianza (Pr 22:19)
• Su humildad (Pr 3:34)
• Su temor de Dios (Pr 1:7)
• Su justicia (Pr 10:25)
• Su pecado (Pr 28:13)
• Su obediencia (Pr 6:23)
LA RELACIÓN DEL HOMBRE CONSIGO MISMO
• Su identidad (Pr 20:11)
• Su insensatez (Pr 26:10, 11)
• Su bondad (Pr 3:3)
• Su sabiduría (Pr 1:5)
• Su dominio propio (Pr 6:9–11)
• Su conversación (Pr 18:21)
• Su orgullo (Pr 27:1)
• Su enojo (Pr 29:11)
LA RELACIÓN DEL HOMBRE CON OTROS
• Su amor (Pr 8:17)
• Sus amigos (Pr 17:17)
• Sus enemigos (Pr 19:27)
• Su veracidad (Pr 23:23)
• Como un padre (Pr 20:7, 31:2-9)
• Como hijo (Pr 3:1-3)
AHÍ ESTÁ, ES UN GRAN AMIGO Y UNA PERSONA MUY SABIA.

NOTAS PERSONALES PARA MI ESTUDIO BÍBLICO

EL LIBRO DE ECLESIASTÉS

ORDEN EN EL ANTIGUO TESTAMENTO: 21

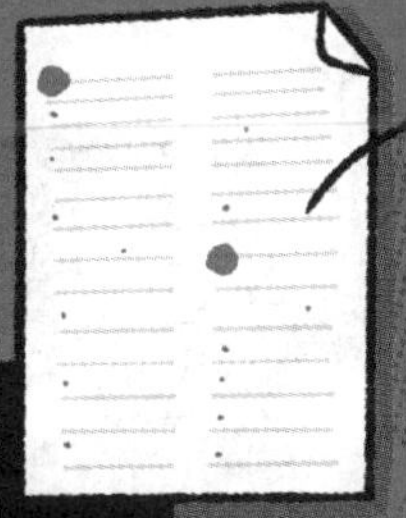

NÚMERO DE CAPÍTULOS: 12

TIPO DE LIBRO: POÉTICO SAPIENCIAL

El autor se llama a sí mismo **«el Maestro, hijo de David, rey en Jerusalén»** (Eclesiastés 1:1), lo cual apunta a Salomón.

La descripción de sí mismo, su sabiduría, sus riquezas y su colección de proverbios (lee Ec 12:9 y 1 Reyes 4:32) son argumentos a favor de esta postura. Además, 1 Reyes 4:33 menciona las múltiples disertaciones del hijo de David, lo cual atestigua de su capacidad para escribir un tratado tan profundo como este.

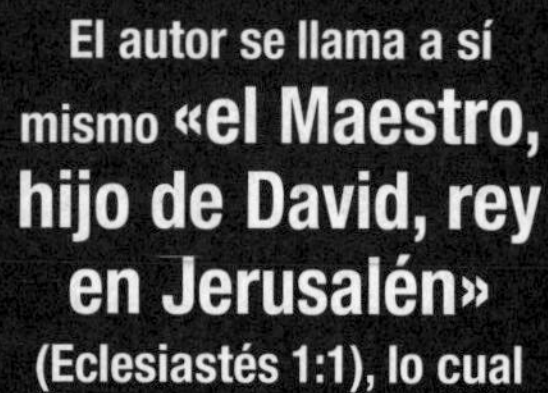

AUTOR:

El rey Salomón

Si el escritor fue el hijo de David, es muy posible que haya sido escrito en sus últimos años, después de toda una vida de experiencias, grandes aciertos y sonoros fracasos (lee 2 Reyes 11).

FECHA & LUGAR:

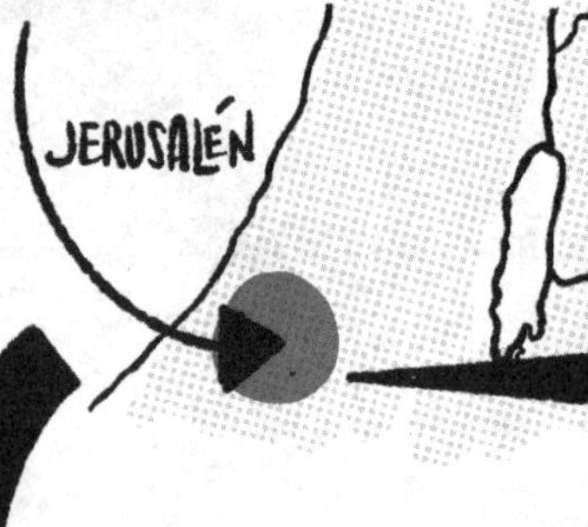

El libro mismo habla de Jerusalén en varias ocasiones (1:1, 12, 16; 2:7, 9), por lo que la tendencia natural es pensar en esa ciudad como el lugar en el cual el libro fue escrito.

Sin embargo, el carácter universal de la obra hace que el lugar en el que fue escrita no sea tan decisivo para la comprensión de su mensaje.

¿OTRO MÁS?
ASÍ ES, AL IGUAL QUE PROVERBIOS

Las fechas varían desde la época de Salomón (año 930 a. C.) hasta una época tan tardía como 200 a. C., después del exilio babilónico de los judíos. Como el libro implica que otra persona, distinta a «el Maestro» editó el libro para su publicación (Ec 12:9-10), podemos suponer que las reflexiones del libro provienen en su totalidad de Salomón, pero un grupo de escribas –quizás en la época de Ezequías, como sugiere la tradición judía– hizo la edición final del libro en una época cercana al exilio.

Al igual que otros libros de sabiduría en Israel, este libro tiene un alcance más universal que local. En otras palabras, Eclesiastés no fue escrito pensando en una persona o situación particular, sino que fue dirigido a cualquiera que buscara un sentido o propósito a la vida.

ECLESIASTÉS, UNO DE LOS CINCO
LIBROS POÉTICOS

TEMA PRINCIPAL:

Si hay un libro en la Biblia que se acerca a una meditación acerca de la filosofía de la vida, ese es Eclesiastés.

El nombre en hebreo originalmente se escribe *koheleth* y significa «Predicador», y en griego se escribe *ekklesiastes* que significa «asamblea».

Esta es una obra en la que el autor describe su búsqueda sistemática del significado de la vida a través de los placeres, la sabiduría, las riquezas y otros medios.

Siguiendo un estilo realista que a veces parece pesimista, el Predicador escribe una obra para proclamar que el gozo de la vida está en el Señor y en su bendición y que, fuera de él, la vida es «lo más absurdo de lo absurdo» (1:2).

QUÉ ES la VIDA ?
ECLESIASTÉS
S·A·L·O·M·Ó·N
money
TODO SE TRATA DE DIOS
TODO ES VANIDAD (1-2)
Sabiduría, placer, logros, trabajo
¡ÉXITO!
TIEMPO PARA TODO (3-5)
Actividades humanas, juicio divino, compañerismo
12
3
LA VANIDAD NO SATISFACE (6-8)
Riquezas, hijos, trabajo, futuro
EL JUICIO PARA LA VANIDAD (9-12:8)
Al rey, los negocios, la juventud
EL FIN DE LA VIDA (12:9-14)
Lo que Dios espera de toda la humanidad
R·I·P
ECLESIASTÉS

NOTAS PERSONALES PARA MI ESTUDIO BÍBLICO

EL LIBRO DE CANTAR DE LOS CANTARES

ORDEN EN EL ANTIGUO TESTAMENTO: 22

NÚMERO DE CAPÍTULOS: 8

TIPO DE LIBRO: POÉTICO SAPIENCIAL

La postura tradicional ha sido que Salomón escribió este libro. Hay seis referencias directas a este rey de Israel (Cantares 1:5; 3:7, 9, 11; 8:11, 12) y tres referencias a un rey (Cantares 1:4, 12; 7:5).

AUTOR:

Si fue así, entonces quizás fu escrito en la juventud del rey antes de que las convenienci políticas y las costumbres culturales lo llevaran a la poligamia, lejos del amor qu se refleja en estas páginas.

DESTINATARIOS:

Como literatura de sabiduría, este libro no tiene una audiencia específica en mente, sino que está escrito como una celebración universal del amor entre un hombre y una mujer. Sin embargo, es muy posible que, tal y como sucede en nuestros días, las parejas de jóvenes esposos encontraran en estos poemas una inspiración para cultivar y expresar su amor como pareja.

Una teoría afirma que la sulamita (Cnt 6:13) sería Abisag, la joven sunamita que sirvió al rey David en su vejez (1 Reyes 1:1-4).

PROPÓSITO:

Mientras Eclesiastés examina una visión intelectual de la vida de los seres humanos, Cantares presenta una hermosa perspectiva emotiva de un hombre y una mujer. El libro describe de manera poética el cortejo y el coqueteo hasta la ceremonia matrimonial y la vida romántica de los esposos. Su propósito parece ser la celebración del amor romántico y puro entre un hombre y una mujer y, como tal, es un excelente ejemplo del principio de Heb 13:4: «Todos deben respetar el matrimonio y ser fieles en sus relaciones matrimoniales [...]».

FECHA & LUGAR:

Si Salomón escribió este libro durante su juventud, entonces la fecha más probable de su escritura sería entre los años 960-950 a. C., cuando comenzaba su reinado y aún no había caído en los gruesos errores que caracterizaron sus años posteriores.

CANTARES, UNO DE LOS CINCO LIBROS POÉTICOS

Si Salomón escribió Cantares en una edad temprana, entonces quizás sea cierta la idea de que:

01. Cantares fue escrito durante la juventud de Salomón

02. Proverbios durante su edad adulta

03. Eclesiastés en los años de su vejez

La interpretación correcta es comprender que el libro celebra «el amor del matrimonio». La sulamita es un personaje real histórico, una joven campesina quien por su belleza y pureza de alma ganó el amor de Salomón. Este, apegándose al concepto bíblico del matrimonio, cantó su experiencia idealizándola como poeta. Los demás cantos de Salomón se perdieron, según 1 Reyes 4:32: «Y compuso tres mil proverbios, y sus cantares fueron mil cinco».

LOS SEIS POEMAS EN EL LIBRO DE CANTARES:

PRIMER POEMA:
El mutuo afecto de los enamorados (Cnt 1:2-2:7)

SEGUNDO POEMA:
Los enamorados se buscan mutuamente (Cnt 2:8-3:5)

TERCER POEMA:
El enamorado galantea a su prometida, y se casan (Cnt 3:6-5:1)

CUARTO POEMA:
El amor es despreciado, pero luego recuperado (Cnt 5:2-6:9)

QUINTO POEMA:
La novia atractivamente hermosa y humilde (Cnt 6:10-8:4)

SEXTO POEMA:
Confirmación del pacto de amor en el hogar (Cnt 8:5-14)

NOTAS PERSONALES PARA MI
ESTUDIO BÍBLICO

EL LIBRO DE ISAÍAS

ORDEN EN EL ANTIGUO TESTAMENTO: 23

NÚMERO DE CAPÍTULOS: 66

TIPO DE LIBRO: PROFÉTICO

AUTOR:

Este profeta ministró durante los reinados de Uzías, Jotán, Acaz y Ezequías en Judá. Isaías estaba casado y tenía dos hijos: Sear Yasub (Isaías 7:3) y Maher Salal Jasbaz (Isaías 8:3).

Ministró por casi sesenta años, desde el año de la muerte de Uzías (739 a. C.) hasta quizás el año 681 a. C.

De acuerdo con una tradición proveniente del siglo II, Isaías murió aserrado bajo el reinado de Manasés

DESTINATARIOS:

Los lectores originales fueron los habitantes de Judá después de la caída de Samaria y el reino del norte en manos de los asirios.

SAMARIA
APRENDAN DE LA NACIÓN DEL NORTE
¡ESPERO QUE ESO NO NOS SUCEDA!
JUDEA

El largo ministerio de Isaías sirvió para advertir a los judíos sobre sus malos caminos, pero también para anunciar las grandes bendiciones de la restauración que Dios traería a la tierra.

FECHA & LUGAR:

Lo más probable es que Isaías fue escrito poco tiempo antes de la muerte del profeta. Quizás la fecha más probable sea el año 680 a. C., durante los primeros años del reinado de Manasés.

El libro cubre los casi sesenta años de largo ministerio de Isaías, durante los cuales fue testigo de muchos eventos buenos y malos para su pueblo. El acceso constante que tenía el profeta al palacio real confirma que el libro fue escrito en la ciudad de Jerusalén.

PROPÓSITO:

Dios no permitirá la impiedad en su pueblo, y por lo tanto tendrá que disciplinarlos y purificarlos como parte de su plan de redención.

Isaías expone la doctrina de Cristo tan detalladamente que se lo ha descrito correctamente como «el profeta evangélico».

Presenta al Mesías (Jesús) como el instrumento de Jehová para cumplir toda su obra, cuya meta final es el establecimiento del reino de Dios.

¿QUÉ HAY EN EL LIBRO DE ISAÍAS?

Se sugiere resumir los grandes temas de este libro en tres sesiones, donde las dos primeras estarían centradas en la estructura del libro (juicio y bendición) y la última sería un tema especial relacionado con las referencias a un futuro Mesías como la gran esperanza del pueblo de Dios.

Sesión 1: Juicio para el pueblo infiel del Señor y las naciones vecinas (1-39)

Sesión 2: Consuelo para el pueblo por medio del siervo fiel del Señor, y también para las naciones vecinas (40-66)

Sesión 3: Tema especial: las profecías mesiánicas de Isaías

TRES MENSAJES EN EL LIBRO DE ISAÍAS

I. MENSAJE DE CORRECCIÓN:

juicios a las naciones
(Isaías 1:1-39:8)

A. Mensajes sobre Jerusalén y Judá (1:1-5:30)

B. El «libro del Emanuel» (6:1-2:6)

C. Mensajes a las naciones extranjeras (13:1-23:18)

D. Apocalipsis de Isaías (24:1-27:13)

E. Varios juicios para Judá e Israel (28:1-35:10)

F. Episodios de la historia de Ezequías (36:1-39:8)

II. MENSAJE DE CONSUELO:

a Israel (Isaías 40:1-55:13)

A. Majestad de Jehová el consolador (40:1-31)

B. Razón, confort y resultados del consuelo de Dios (41:1-47:15)

C. Exhortación de consuelo para los de la cautividad (48:1-22)

D. El Mesías, el siervo de Jehová, el siervo sufriente (49:1-54:17)

E. Salvación mundial para todos los pecadores que aceptan a Cristo (55:1-13)

III. MENSAJE DE SALVACIÓN:

a los repatriados de la cautividad
(Isaías 56:1-66:24)

A. Inclusión de los gentiles y llamado a Israel para reformarse (57:1-59:21)

B. Israel debía ser luz a las naciones (60:1-62:12)

C. El establecimiento del reino mesiánico (63:1-66:24)

EL LIBRO DEL CONSUELO

A la segunda sección del libro (Isaías 40-50) se la ha llamado «el libro de consolación» por los temas que trata: **YA HAN SIDO PAGADOS SUS PECADOS.**

Los profetas anteriores al exilio habían proclamado que Israel estaba bajo el juicio de Dios y que debía recibir el justo castigo por sus pecados (por ejemplo: Isaías 5.1-7, Jeremías 17.1-4, Oseas 4.1-3, Amós 2.6-16).

Aquí, en cambio, se anuncia que la deportación a Babilonia ha sido un castigo más que suficiente y que ahora ha comenzado el tiempo del perdón y la restauración (Isaías 43:25, 46:13)

¡¡¡PRONTO VOLVERÁN!!!

FUNDAMENTOS DE LA FE

Este «libro de la consolación» expone los fundamentos de la fe en el plan salvador de Dios. El profeta invita a suspirar por el gran retorno. «Una voz grita: "Preparen en el desierto un camino para el Señor"» (Isaías 40:3).

VER MARCOS 1:3

MARCOS 1

En vez de advertir a la gente del juicio inminente, Isaías ahora los consuela. El capítulo 40 se refiere a la restauración después del exilio. Ciro es el instrumento de su liberación de Babilonia. Judá aún tendría cien años de problemas antes de la caída de Jerusalén más setenta años de cautiverio; por lo tanto, Dios le dice a Isaías que hable con ternura y que consuele a Jerusalén.

ISAÍAS, UNO DE LOS CUATRO
PROFETAS MAYORES

PROFETA

La palabra **profeta** viene del griego prophetes, de «**pro**» (delante o por) y «**phemi**» (hablar).

El profeta es «el que habla delante», en el sentido de proclamar, o «aquel que habla por», es decir, «en el nombre de» (Dios).

En el Antiguo Testamento existen tres términos para profeta: ro he, nabi y hozeh. El primero y el último se distinguen por matices que tiene que ver con visiones, y **nabi** («aquel que testifica») se adapta a la misión profética.

ISAÍAS, EL QUINTO EVANGELIO

El profeta evangélico que anunció 700 años antes la venida del Mesías prometido para salvar al mundo de sus pecados

Del capítulo 40 al 60, presenta a Jesús:

COMO SIERVO

COMO SALVADOR

EN LA CRUZ

QUEBRANTADO HUMILLADO

Una de las declaraciones más claras sobre la Trinidad está en Is 48:16.

Emanuel en hebreo es **Imanuel** (Is 7:14) y significa «Dios con nosotros». En el Nuevo Testamento, en la genealogía que Mateo da en el capítulo 1, puede verse que es Jesús.

Describe a Jesús:

Nacimiento (7:14, 9:6)
Familia (11:1)
Ungimiento (11:2)
Carácter (11:3-4)
Mansedumbre (42:1-4)
Muerte (53), y resurrección (25:8)
Reinado glorioso (11:3-16, 32)

NOTAS PERSONALES PARA MI ESTUDIO BÍBLICO

EL LIBRO DE JEREMÍAS

ORDEN EN EL ANTIGUO TESTAMENTO: 24

NÚMERO DE CAPÍTULOS: 52

TIPO DE LIBRO: PROFÉTICO

JEREMÍAS

AUTOR:

Jeremías,
el profeta

El autor de este libro es el profeta Jeremías, hijo de Jilquías, de una familia sacerdotal de la tribu de Benjamín (Jer 1:1).

Fue llamado al ministerio profético siendo muy joven (algunos han especulado con que tendría unos catorce años) durante el reinado de Josías, y ministró hasta después de la destrucción de Jerusalén, por unos cuarenta años.

Se lo ha llamado «**el profeta llorón**» o «**el profeta del corazón quebrantado**», debido a su alta sensibilidad y dolor ante el pecado y sus consecuencias en el pueblo de Dios.

DESTINATARIOS:

REINO NORTE
JAJA

En el año 722 a. C., las diez tribus que formaban el reino del norte fueron llevadas cautivas por el imperio asirio. Las dos tribus que formaban el reino del sur debieron haber aprendido la lección y cambiar su conducta; sin embargo, ellos continuaron por el mismo camino de rebeldía.

Al fin, el juicio de Dios llegó y luego de sucesivas derrotas a manos de los caldeos en los años 605 a. C. y 597 a. C., la nación fue llevada cautiva en el año 586 a. C. y Jerusalén fue destruida.

REINO SUR

FECHA & LUGAR

Jeremías comenzó su ministerio en el año 627 a. C., unos cien años después de la caída de Israel en manos de Asiria. Ahora, la nueva potencia en la región era Babilonia, la cual conquistó a los asirios en 605 a. C. y llegaría a conquistar Jerusalén en 586 a. C. El profeta ministraría hasta más o menos el año 581 a. C. El libro de Jeremías registra la caída de Jerusalén, lo que significa que el libro fue terminado y publicado tiempo después de ese evento.

JERUSALÉN HA CAÍDO EN MANOS DE BABILONIA

Si alguien tenía duda de las razones por las cuales tanto el reino del norte como el del sur sufrieron el cautiverio, Jeremías lo dejaría bastante claro: el exilio se debía al castigo divino por el pecado de la nación, y la restauración vendría como resultado de la misericordia del Señor.

¿QUÉ HAY EN EL LIBRO DE JEREMÍAS?

PROFECÍAS
Att.
DIOS

Puedes utilizar los mensajes principales del libro para recorrer sus múltiples tonos. Recuerda los propósitos del libro: explicar el porqué del castigo de Dios, describir el juicio y anunciar la esperanza de una restauración. Se sugieren, entonces, siete sesiones para aprender este libro:

Sesión 1: Llamado de un joven para servir al Señor como profeta (1)
Sesión 2: El profeta advierte al pueblo de Dios que será castigado (2-6)
Sesión 3: El profeta advierte que el templo no los librará del castigo por la idolatría (7-10)
Sesión 4: El profeta anuncia el castigo de formas variadas (11-29)
Sesión 5: El profeta anuncia restauración y consolación para el pueblo (30-33)
Sesión 6: El profeta anuncia la inminente caída del pueblo (34-44)
Sesión 7: El profeta anuncia la soberanía de Dios sobre todas las naciones (45-52)

RELACIÓN CON OTROS PROFETAS

El libro fue escrito en la ciudad de Jerusalén, donde habían ocurrido los acontecimientos descritos en él. Hay que recordar que:

SABEMOS LO DE JERUSALÉN

Habacuc y Sofonías ministraron durante los primeros años del ministerio de Jeremías...

...mientras Ezequiel y Daniel lo hicieron durante la última parte.

NOSOTROS ESTAMOS EN EL CAUTIVERIO

MARCO HISTÓRICO:

Jeremías ministró durante los reinados de los últimos cinco reyes de Judá: Josías, Joacaz, Joacim, Joaquín y Sedequías. La nación se deslizaba con rapidez hacia la destrucción, y al final la conquistó Babilonia en 586 a. C. (véase 2 Reyes 21-25). El profeta Sofonías precedió a Jeremías y Habacuc fue contemporáneo de este último.

Jeremías sirvió como profeta de Judá desde 627 a. C. hasta el cautiverio en 586 a. C. (Jer 1:5)

La sociedad estaba deteriorándose económica, política y espiritualmente. Guerras y cautiverio. La palabra de Dios se consideró ofensiva.

¡ARREPIÉNTANSE DE SUS PECADOS! ESO POSPONDRÁ EL JUICIO INMINENTE DE JUDÁ A MANOS DE BABILONIA.

La nación hebrea debía someterse al yugo caldeo y no rebelarse contra él, puesto que era el justo castigo por su infidelidad al pacto con Dios.

Cuando se le prohibió entrar al templo, le dictó profecías a Baruc para que se las leyera al pueblo. Joacim rompió su rollo y lo quemó, y así mostró desprecio por las palabras de Dios.

(Jer 36:1-32)

BABILONIA

Les escribió a los exiliados, alentándolos a afincarse en Babilonia porque iban a pasar 70 años hasta que Dios los llevara de regreso a su nación.

(Jer 29:1-23)

NUEVO PACTO

También profetizó que Dios no solo iba a restaurar a su pueblo sino que además iba a hacer con ellos un nuevo pacto, basado no en aspectos externos sino escrito en su mente y corazón.

(Jer 31:31-34)

LA OBRA DE JEREMÍAS

Halló gracia ante los funcionarios de Babilonia y fue enviado de regreso para servir a Gedalías, el nuevo gobernador de Judá **(Jer 40:1-6)**. Este fue asesinado por rebeldes **(Jer 41:1-5)** que huyeron a Egipto y llevaron consigo a Jeremías **(Jer 41:16-43:7)**; probablemente murió aquí, sin haber regresado a su tierra.

Instó al pueblo a someterse a Babilonia **(Jer 21:1-7)**, un consejo rechazado por el rey Sedequías, quien entonces se rebeló. Nabucodonosor inició el sitio de la ciudad y Jeremías fue encarcelado.

(Jer 37:1-21)

Compró un campo mientras el rey de Babilonia estaba sitiando Jerusalén **(Jer 32:1-44)**, ¡desde la perspectiva humana no era la mejor época para hacerlo!

Pero fue un acto de fe en el futuro, declaraba que el pueblo de Dios regresaría

JEREMÍAS, UNO DE LOS CUATRO PROFETAS MAYORES

Profetas mayores es la designación por la que se conocen los libros de Isaías, Jeremías, Ezequiel y Daniel, y que se refiere a la extensión de sus escritos, no porque sean mejores o más importantes que el resto de los profetas de la Biblia.

JEREMÍAS

Narra el período de cuarenta años de su ministerio, tiempo durante el cual el profeta no vio ni una sola vez la más mínima señal de éxito en su ministerio. Su mensaje era de denuncia y reforma, y el pueblo nunca lo obedeció.

ESTO ES muy Cansador

LA CAÍDA DE JERUSALÉN

¡SE LOS ADVERTÍ!

Quizás la época más triste de la historia del Antiguo Testamento fue la del sitio y la caída de Jerusalén, cuando las grandes esperanzas de la nación se derrumbaron y su falsa confianza en Dios se manifestó como mal puesta.

605 a. C.

598 A. C.

El poderío de Babilonia cayó con fuerza sobre Judá en el 598 a. C., año en que murió el rey Joacim.

Joaquín, el hijo de Joacim, no pudo resistirse a Babilonia y cuando Jerusalén fue tomada en el 597 a. C., él y sus súbditos más importantes (incluyendo a Ezequiel) fueron llevados cautivos a Babilonia para reunirse con los que ya estaban ahí desde una deportación anterior en el 606 a. C. (de la cual Daniel fue parte).

Nabucodonosor llegó al poder en el 605 a. C.

Nombró rey a Sedequías, quien se rebeló y colmó su paciencia.

586 A. C.

En el 586 a. C., Nabucodonosor marchó contra Jerusalén y esta cayó: los muros fueron destruidos, el templo fue derribado y la población fue exiliada a Babilonia (2 Reyes 25:1-21; 2 Crónicas 36:15-21; Jeremías 52:1-30).

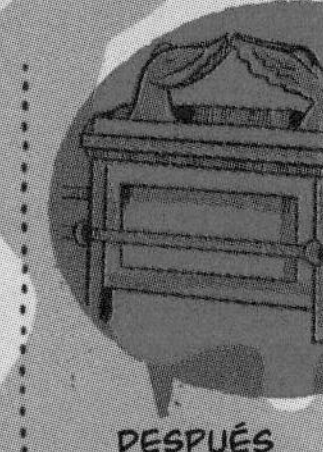

DESPUÉS DE LA DESTRUCCIÓN DEL TEMPLO, EL ARCA DEL PACTO DESAPARECIÓ (NO SE VE MÁS EN LOS TEMPLOS POSTERIORES EN JERUSALÉN)

NOTAS PERSONALES PARA MI ESTUDIO BÍBLICO

EL LIBRO DE LAMENTACIONES

ORDEN EN EL ANTIGUO TESTAMENTO: 25

NÚMERO DE CAPÍTULOS: 5

TIPO DE LIBRO: PROFÉTICO

El escritor es un testigo ocular y un hombre que muestra sentimientos muy profundos por la tragedia experimentada por Jerusalén. Se trata de un escritor con amplia capacidad literaria y sensibilidad poética. Estos hechos y también algunos vínculos literarios y teológicos con el libro de Jeremías apuntan a ese profeta como el autor, aunque el libro mismo no lo dice.

AUTOR:

Jeremías, «el profeta llorón»

Se trata de un poema que busca expresar la agonía, la perplejidad y la profunda tristeza por lo ocurrido en la amada ciudad. La intención era que estos poemas sirvieran como un vehículo para que los sobrevivientes de la tragedia pudieran expresar sus profundas emociones de dolor y, a la vez, de arrepentimiento ante lo sucedido.

DESTINATARIOS:

Los lectores originales de este libro eran los judíos cautivos en Babilonia y los pocos que permanecieron en Jerusalén después de su destrucción.

FECHA & LUGAR

La fecha de composición se sitúa muy cerca de la destrucción de Jerusalén, en el año 586 a. C., ya que los recuerdos de los eventos estaban frescos todavía. En el tono de los lamentos se nota tal cercanía con lo ocurrido (por ejemplo, 1:10-11) que casi pueden escucharse los sollozos de los sobrevivientes y el ruido del fuego aún encendido en toda la ciudad (2:9-12).

PROPÓSITO:

El propósito del libro es doble: primero, Jeremías confiesa los pecados del pueblo, expresando a la vez su profundo pesar por el castigo recibido. Segundo, el profeta proclama la esperanza que existe en la fidelidad de Dios, quien no ha abandonado a su pueblo y que al final restaurará.

DE LAMENTACIONES

Lamentaciones en hebreo es ***ekah*** y significa **«¡Cómo!».** Este lamento se expresa desde el inicio del libro: «¡Cómo ha quedado sola la ciudad populosa!» (1:1 RVR1960). Esta palabra es una expresión de lamento (compárese con Jer 48:17b).

Los judíos usaban esta palabra para demostrar sus lamentaciones.

01. TRISTEZA:

por las ruinas de Jerusalén

(Lamentaciones 1:1-22)

02. LLANTO:

la ira de Dios por el pecado de Jerusalén

(Lamentaciones 2:1-22)

03. ESPERANZA:

de Jeremías en medio de las aflicciones

(Lamentaciones 3:1-66)

04. MEMORIA:

del juicio como consecuencia del pecado

(Lamentaciones 4:1-22)

SUFRIMIENTO:

- los niños con sed y hambre
- los jóvenes maltratados
- el rico al ser mendigo
- las mujeres que cocinaron a sus propios niños
- los profetas falsos y sacerdotes que estaban perdidos

05. SÚPLICA:

confesión y plegaria del remanente para que Dios lo restaure **(Lamentaciones 5:1-22)**

NOTAS PERSONALES PARA MI ESTUDIO BÍBLICO

EL LIBRO DE EZEQUIEL

ORDEN EN EL ANTIGUO TESTAMENTO: **26**

NÚMERO DE CAPÍTULOS: **48**

TIPO DE LIBRO: **PROFÉTICO**

Dios no dejó de hablarle a su pueblo, aunque permitió que fuera al exilio. **Ezequiel estaba entre los diez mil que fueron llevados durante la segunda invasión de Jerusalén (año 597 a. C.)** durante el reinado de Joaquín, así que su ministerio profético se realizó en el cautiverio, intentando que los judíos se volvieran a Dios.

El profeta y sacerdote Ezequiel, hijo de Buzí, ha sido considerado tradicionalmente como el autor de este libro (Ez 1:3).

AUTOR:

Ezequiel,
el profeta en
BABILONIA

Ezequiel fue uno de los grandes líderes de los judíos en el exilio. **Incluso algunos lo llaman «el padre del judaísmo».**

BABILONIA
ESTE PROFETA ESTABA CASADO, PERO SU ESPOSA MURIÓ DURANTE LA INVASIÓN DE JERUSALÉN Y NO SE LE PERMITIÓ MOSTRAR SU LUTO, COMO UNA SEÑAL DE QUE PEORES TRAGEDIAS VENÍAN PARA EL PUEBLO DE JUDÁ (EZ 24:15-24).
RÍO TIGRIS
RÍO ÉUFRATES
¡ATAQUE!
BABILONIA
JERUSALÉN
QUEBAR

Su ministerio se divide en dos etapas: la primera que habla de juicio y castigo se extiende hasta la caída de Jerusalén **(año 586 a. C., Ez 24)**, y la segunda que habla de restauración y consuelo comienza cuando el profeta recibe la noticia de la destrucción de Jerusalén, unos dos años después **(Ez 33:21-22).**

Su llamado profético lo recibió estando en una comunidad de judíos exiliados a orillas del canal de Quebar, el cual conectaba los dos grandes ríos de Babilonia, el Tigris y el Éufrates (Ez 1:3).

El libro sugiere que tenía treinta años cuando recibió su comisión (Ez 1:1).

DESTINATARIOS:

El libro de Ezequiel fue escrito para que lo leyeran los judíos durante el exilio en Babilonia, aunque grandes secciones del libro se refieren a la situación en la que se encontraba Judá.

FECHA & LUGAR

Ezequiel comenzó su ministerio en el año 592 a. C., unos cinco años después de ser llevado a Babilonia (lee Ez 1:2). Veintidós años después, aún seguía profetizando a los exiliados (lee Ez 29:17).

El libro fue escrito en el exilio mientras Ezequiel estaba en la comunidad de Tel Aviv, a orillas del río-canal de Quebar, en Babilonia, lejos de la tierra prometida.

¿QUÉ HAY EN EL LIBRO DE EZEQUIEL?

La base sobre la cual se sugiere aprender de este libro es el doble mensaje de juicio y restauración. En tiempos de Ezequiel muchos aún no comprendían la gravedad del pecado que trajo el juicio del Señor, por lo que él necesita replantear toda la historia de su pueblo y volver a enfocar la esperanza en el Señor:

Sesión 1: Llamado excepcional de un siervo del Señor. (1-3)
Sesión 2: Cómo y por qué viene el juicio sobre el pueblo del Señor (4-24)
Sesión 3: Cómo y por qué viene el juicio sobre las naciones enemigas del Señor (25-32)
Sesión 4: Restauración total del verdadero pueblo del Señor (33-48)

PROPÓSITO:

El propósito de este libro fue explicarles a los judíos que el exilio se debía a su pecado y falta de santidad delante del Señor. De hecho, el profeta logró este propósito a través de dramáticos y extremos actos simbólicos (como ejemplo, lee Ez 4).

A la vez, proclamó la restauración total de un remanente del pueblo a través de la creación de un nuevo pueblo, con un nuevo corazón, un nuevo pacto, una nueva ciudad y un nuevo templo.

EZEQUIEL 36:26

LAS TRES DIVISIONES PROFÉTICAS:

I. PROFECÍAS ANTES DE LA CAÍDA:

sobre las ruinas de Judá

A. Llamamiento y comisión al profeta (Ez 1:1-3:27)

B. Profecías contra Judá (Ez 4:1-24:27)

II. PROFECÍAS SOBRE LAS NACIONES PAGANAS:

A. Contra los vecinos más cercanos: Amón, Moab, Edom y Filistea (Ez 25:1-27)

B. Contra los orgullosos y materialistas: Tiro y Sidón (Ez 26:1-28:26)

C. Contra los idólatras: Egipto (Ez 29:1-32:32)

III. PROFECÍAS DESPUÉS DE LA CAÍDA:

A. Períodos de preparación para el establecimiento del nuevo reino (Ez 33:1-39:29)

B. El reino milenario final y el futuro templo (Ez 40:1-48:35)

EL DESARROLLO DEL JUDAÍSMO

Jerusalén había sido saqueada y atacada. El templo había sido destruido y con la caída de la ciudad y su templo y la captura física del pueblo, la pregunta de fondo era quién y cómo es exactamente este Dios que ha permitido el exilio y si todavía está con ellos. Las respuestas de Ezequiel a esta pregunta se consideran fundamentales para consolidar la identidad del pueblo judío y, lejos de destruirlo, lo que Ezequiel les comunica transforma al pueblo en una nación más madura y que en los siguientes años se convertirá en un pueblo de fama mundial.

Ezequiel pone tal énfasis en la práctica del día del descanso que esta se asienta como una práctica por la que el pueblo de Dios es reconocido desde entonces.

El templo dio lugar a la sinagoga, con su enfoque en la oración y la lectura de la ley.

Aunque no podían hacer sacrificios en las sinagogas, por los menos los judíos exiliados podían reunirse en grupos locale[s] para leer o discutir el Pentateuco y orar.

Los sacerdotes dieron lugar a los escribas (que transcribían la ley) y a los rabinos (maestros de la ley), que se convirtieron en figuras centrales en el desarrollo del judaísmo.

EZEQUIEL 10 NOS MENCIONA CÓMO LA GLORIA DE DIOS SE HABÍA APARTADO DEL TEMPLO

EZEQUIEL, UNO DE LOS CUATRO PROFETAS MAYORES

El profeta Ezequiel no solamente profetizó la caída de Judá y el exilio en Babilonia, sino también la esperanza de que el exilio llegaría a su fin.

EL REGRESO DE LOS EXILIADOS

*VER EL LIBRO DE ESDRAS PARA MÁS DETALLES

ESTO FUE LO QUE SUCEDIÓ

PRIMER EXILIO: 605 A. C.

SEGUNDO EXILIO: 597 A. C.

ES EN ESTE SEGUNDO EXILIO DONDE EZEQUIEL ES LLEVADO CAUTIVO JUNTO AL REY JOAQUÍN

EXILIO FINAL: 586 A. C.

ES EN ESTE TERCER EXILIO DONDE NABUCODONOSOR DESTRUYE EL TEMPLO Y LOS MUROS

PERSIA

539 A. C.

CIRO DE PERSIA CONQUISTA BABILONIA

DANIEL PROFETIZÓ A NABUCODONOSOR QUE SU IMPERIO ESTABA POR DERRUMBARSE. 539 A.C

538-537 A. C.

Zorobabel, el nieto del rey Joaquín, lideró el regreso del primer grupo y comenzó a reedificar el templo

¡VAMOS A TERMINAR!
SÍ SE PUEDE

520 A. C.

Hageo y Zacarías, con el apoyo del rey Darío, los animaron a terminar la obra del templo

460 A. C.

Ester se casó con el rey Jerjes y salvó a los judíos que aún estaban en el exilio

¡EY, VAMOS DE REGRESO A JERUSALÉN!

458 A. C.

Esdras regresó a Jerusalén con un segundo grupo

445 A. C.

Nehemías regresó con un tercer grupo y reconstruyó los muros de Jerusalén

NOTAS PERSONALES PARA MI ESTUDIO BÍBLICO

EL LIBRO DE
DANIEL

ORDEN EN EL ANTIGUO TESTAMENTO: **27**

NÚMERO DE CAPÍTULOS: **12**

TIPO DE LIBRO: **PROFÉTICO**

AUTOR:

Daniel,
el profeta en
BABILONIA

El testimonio claro del libro es que su escritor es Daniel. Incluso Jesús afirma que él fue el autor de sus profecías (Mateo 24:15).

SÍ, ES
DANIEL

Este fue uno de los primeros judíos en ser llevado cautivo por los caldeos (año 605 a. C.).

Por la providencia de Dios, fue entrenado por sus captores como parte de la nobleza, y eventualmente el joven judío llegó a destacar como un profeta, consejero de cuatro reyes y estadista en tres imperios mundiales, ministrando prácticamente durante toda la cautividad incluso hasta el reinado de Ciro, el persa (Dn 10:1).

DESTINATARIOS:

EL DOBLE ÉNFASIS —LA FIDELIDAD AL SEÑOR Y SU SOBERANÍA ABSOLUTA SOBRE LA HISTORIA— SIN DUDA ESTABAN DISEÑADOS PARA MOTIVAR A UN PUEBLO QUE ESTABA RECONSTRUYENDO SU IDENTIDAD NACIONAL Y ESPIRITUAL.

El libro fue escrito pensando en los judíos que estaban aún en el exilio, así como también aquellos que estaban regresando a su tierra después del terrible trauma del cautiverio.

BABILONIA
¡¡¡YA «ALGUNOS» NOS VAMOS DE AQUÍ!!!

Tomando en cuenta estos datos, el libro sería escrito en la ciudad de Susa, capital del imperio persa, desde donde el libro fue enviado a los judíos que ya estaban habitando de nuevo en su tierra, después de la cautividad.

FECHA & LUGAR:

DANIEL 10
CIRO

Daniel 10:1 menciona el año tercero de Ciro de Persia. Esto sería el año 536 a. C., por lo que una fecha probable en la que el libro fue escrito es el **año 530 a. C.**, o sea, cuando Daniel tenía ya noventa años.

HAY QUE TOMAR EN CUENTA QUE...

...cuando Daniel comienza es el año 605 a. C. y Babilonia estaba sustituyendo a Asiria como imperio mundial.

Cuando Daniel termina es el año 536 a. C., el gran imperio mundial era Persia y los judíos ya habían regresado a su tierra para comenzar la reconstrucción del templo.

¿QUÉ HAY EN EL LIBRO DE DANIEL?

Las múltiples profecías y enseñanzas del libro no pueden aprenderse en dos partes; sin embargo, un estudio del libro como un todo sí es posible en dos enseñanzas: la primera parte enfoca principalmente la fidelidad personal de Daniel y sus amigos en medio de la oposición, y la segunda enseñanza está enfocada en la soberanía del Señor sobre las naciones.

Sesión 1: Fidelidad total al Señor en medio de las naciones (1-6)

Sesión 2: Dominio total del Señor en medio de las naciones (7-12)

No olvides que el libro de Daniel contiene material escatológico.

El propósito del libro es mostrar que el Dios de Israel, el único Dios, tiene en sus manos el destino de todas las naciones.

TRASFONDO HISTÓRICO:

YO NUNCA REGRESÉ A JUDÁ, PASÉ CASI 70 AÑOS AL SERVICIO DE VARIOS REYES. MI VIDA LLEGÓ A SU FIN EN BABILONIA, CERCA DE MIS 90 AÑOS.

Aunque algunos exiliados habían vuelto a Judá, no todos querían ni podían hacerlo; algunos se habían asentado en ese lugar y decidieron quedarse y otros se trasladaron a otras regiones de Persia, pero para otros (como Daniel y Ester) no había alternativa.

¡VAMOS DE VUELTA!

EL LIBRO DE DANIEL PUEDE DIVIDIRSE EN DOS PARTES:

I. MATERIAL HISTÓRICO (1-6)

Trata sobre la historia de Daniel, el joven exiliado a Babilonia en la primera deportación de Judá en el 605 a. C., quien fue prominente por su capacidad dada por Dios en sabiduría e interpretación de sueños.

II. MATERIAL ESCATOLÓGICO (7-12)

Revela el futuro a través de imágenes simbólicas y subraya que, al margen de lo que suceda, Dios tiene el control de las cosas y rescatará a su pueblo.

Tiene que ver con eventos futuros →

LA ESTATUA DE NABUCODONOSOR

Unos 600 años antes de que naciera Jesús, Babilonia era el reino más poderoso de Medio Oriente. El rey Nabucodonosor sitió Jerusalén y se llevó a Daniel y a otros cautivos a esta nación para que le sirvieran. Nabucodonosor tuvo un sueño y amenazó con asesinar a sus consejeros si no le daban el significado (Dn 2:5-11). Después de que Daniel oró, Dios le reveló el sueño y su significado (Dn 2:12-23), por lo que le dijo a Nabucodonosor el sueño y la interpretación (Dn 2:36-45). Esto hizo que el rey nombrara a Daniel gobernador sobre Babilonia.

I. LA CABEZA DE ORO: IMPERIO DE BABILONIA (605-539 a. C.)

La cabeza de la estatua estaba hecha de oro fino y representaba el reino de Babilonia.

Al final, Babilonia sería destruida por un reino inferior.

II. PECHO Y BRAZOS DE PLATA: IMPERIO MEDO-PERSA (539-332 a. C.)

El pecho y los brazos de plata representaban el reino medo-persa, la segunda potencia en surgir luego de Babilonia.

El rey Darío se apoderó de Mesopotamia, Judá, Egipto y Libia.

Al final, Persia sería conquistada por otro reino.

III. VIENTRE Y MUSLOS DE BRONCE : IMPERIO GRIEGO (332-168 a. C.)

El vientre y los muslos de bronce respresentaban al reino de Grecia de Alejandro el Grande. Este tercer reino gobernaría sobre toda la tierra.

El bronce, de menor valor que la plata, simboliza el estatus inferior de Grecia comparada con Persia. Grecia sería conquistada por otro reino.

IV. PIERNAS DE HIERRO: IMPERIO ROMANO (168 a. C. - 476 d. C.)

Las piernas estaban hechas de hierro y sugiere que este reino sería fuerte y rompería, destrozaría y aplastaría todo.

Los estudiosos sugieren que el cuarto reino es el gran y poderoso Imperio romano, que llegó a tomar control inclusive en los tiempos de Jesús.

PIES DE HIERRO MEZCLADO CON BARRO

Una mezcla que es inconsistente y no se une, un nuevo orden desordenado (Dn 2:41-43; 7:23).

Una piedra cortada no con manos humanas golpeó la estatua en los pies de hierro y barro, haciendo que esta se derrumbara; esa piedra se convirtió en un monte, refiriéndose a que Dios establecería un reino para siempre, destruyendo los reinos de la Tierra.

DIAGRAMA

DE LA SEMANA SETENTA DE DANIEL

SETENTA SEMANAS

Término que el profeta Daniel empleó en sus profecías (Dn 9:24-27).

En la visión de Daniel, Dios reveló que el cautiverio de su pueblo en Babilonia cesaría y que serían restaurados como nación dentro de un período de 70 semanas de siete años cada una, o un total de 490 años. Los expertos interpretan estas 70 semanas de diferentes maneras: algunos insisten con que Daniel no es un libro de profecía, sino que se refiere a acontecimientos ya sucedidos, otros creen que los 490 años se cumplieron con la muerte de Cristo en la cruz, y otros opinan que esta profecía está todavía por cumplirse.

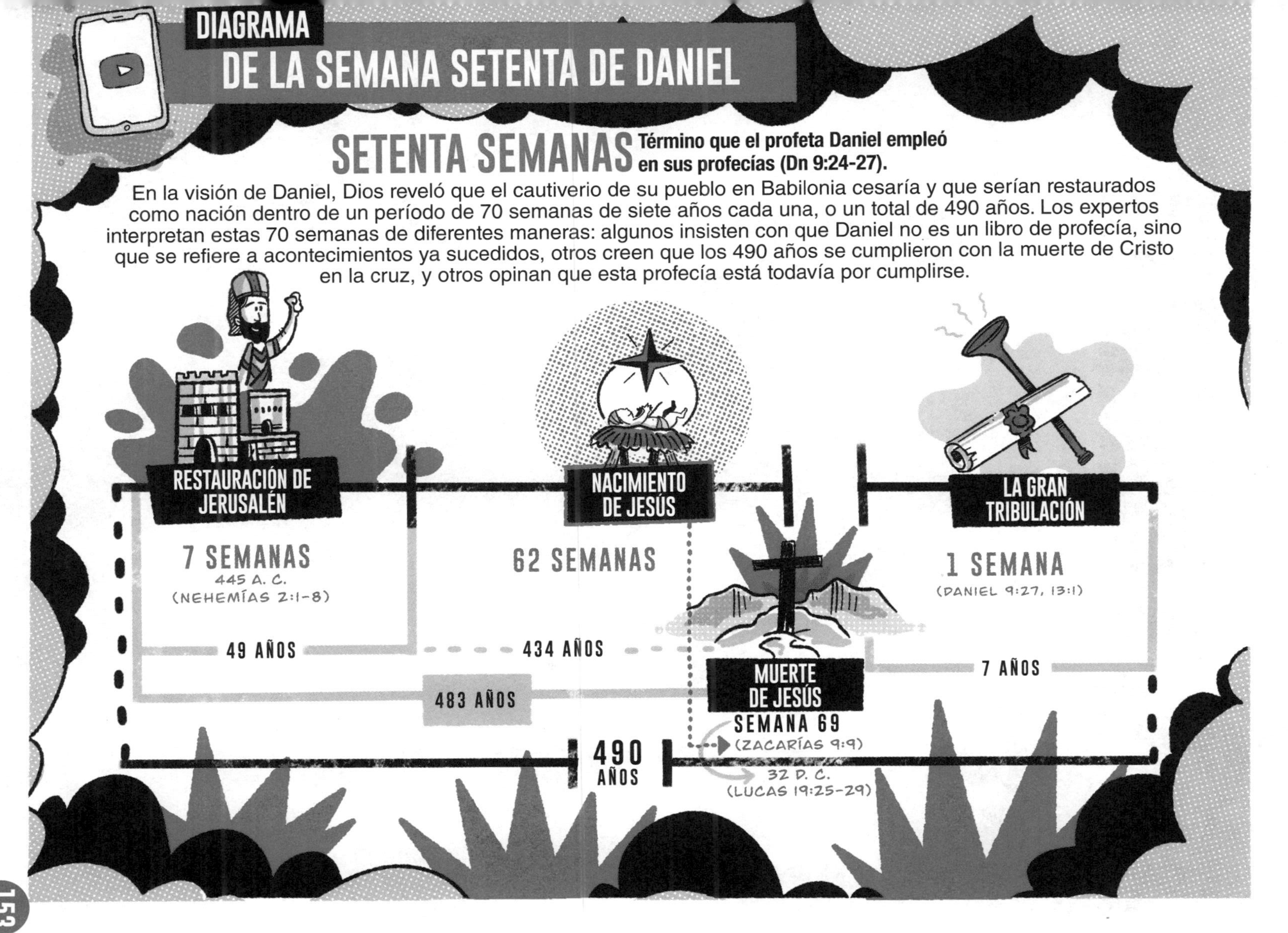

NOTAS PERSONALES PARA MI ESTUDIO BÍBLICO

EL LIBRO DE OSEAS

ORDEN EN EL ANTIGUO TESTAMENTO: 28

NÚMERO DE CAPÍTULOS: 14

TIPO DE LIBRO: PROFETA MENOR

AUTOR:

Oseas, hijo de Beerí

OSEAS 1:1

No poseemos más información sobre su familia o su origen, pero las abundantes ilustraciones agrícolas que utiliza señalan un trasfondo familiar mayormente rural.

Oseas no recibió capacitación formal para el oficio profético, pero muestra tener mucha capacidad para escribir y mucho conocimiento acerca de su pueblo y acerca de Dios.

ISRAEL

JUDA

Este fue un profeta que ministró en el reino del norte durante el siglo VIII a. C. De hecho, es el único libro del Antiguo Testamento proveniente de las diez tribus del norte.

FUE EL ÚLTIMO PROFETA QUE MINISTRÓ EN EL REINO DEL NORTE, ANTES DE CAER EN MANOS DE LOS ASIRIOS (722 A. C.).

¡HIS!

Fue contemporáneo de Amós, Isaías y Miqueas, aunque esos profetas ministraron principalmente en el reino del sur.

DESTINATARIOS:

Había idolatría e inmoralidad y el pueblo rechazaba el amor de Dios de forma consistente. Por eso, el libro se dirige a los habitantes de Israel como reino.

En la época en la que sirvió Oseas había gran prosperidad y paz en Israel. Era la época de Jeroboam II (2 Reyes 14:23-29), quien había llevado las fronteras del reino casi hasta los límites que tenía en la época de David y Salomón. Políticamente, el reino estaba desorientado: un grupo opinaba que debían buscar una alianza con Egipto, y otro opinaba que debían buscar la protección de Asiria. Como el libro dice, Israel era como una «paloma torpe», que buscaba protección en cualquier lado, menos en Dios (lee Os 7:10-11).

FECHA & LUGAR:

Oseas ministró desde los últimos años del reinado de Jeroboam II (793-753 a. C.) hasta después de la conquista por parte de Asiria, cubriendo un período de unos cuarenta años. Fue testigo de una época que osciló entre la prosperidad económica y militar y el fracaso espiritual, hasta el desastre de la derrota militar y el cautiverio.

OSEAS, EL PRIMERO DE LOS LLAMADOS

PROFETAS MENORES:

Oseas es el primero de los llamados ***profetas menores*** debido al menor tamaño de los libros que escribieron. Originalmente, los hebreos tenían estos doce libros como uno solo y le llamaban simplemente ***Los doce.***

La profecía de Oseas se caracteriza por estar basada en una ilustración del amor y la gracia de Dios, el dolor que le provoca la infidelidad de su pueblo y el castigo que vendrá.

El propósito del libro es mostrar cómo se balancea el amor de Dios con su justicia: el amor de Dios no impide que haya justo juicio por el pecado, mientras que su justicia no obstaculiza su deseo de restaurar su relación con su amado pueblo.

OSEAS Y GÓMER:

1. Matrimonio de Oseas con Gómer (1:3)
2. Oseas es un esposo fiel (3:3)
3. El amor de Oseas no correspondido (3:1)
4. La relación se rompe (2:2)
5. Gomer va tras otros hombres (3:1)
6. Gómer es indiferente a los sentimientos de Oseas (3:1)
7. Oseas tiene una hija llamada Lorrujama, que significa «no más compasión» (1:6)
8. Oseas tiene un hijo llamado Loamí, que significa «no pueblo mío» (1:9)
9. Oseas redime y restituye a la adúltera Gómer (3:2)

EL TRÁGICO MATRIMONIO DE OSEAS Y GÓMER PRESENTA PARA LOS ISRAELITAS UN CUADRO VÍVIDO DE CÓMO DIOS VEÍA SU RELACIÓN CON ELLOS.

DIOS E ISRAEL:

1. Dios desposa a Israel (2:19)
2. Dios es un «esposo» fiel (1:7)
3. El amor de Dios no es correspondido (3:1)
4. La relación se rompe (2:2)
5. Israel va tras otros dioses (4:1)
6. Israel es indiferente a los sentimientos de Dios (11:1)
7. Dios no tendrá compasión de los hijos desobedientes de Israel (5:6)
8. Dios declara que Israel no es su pueblo (1:9)
9. Dios redime y restaura a Israel, su nación infiel (14:4–8)

LISTA DE PECADOS DE ISRAEL REGISTRADOS EN OSEAS:

Falsedad (4:1) - **Robo** (7:1) - **Asesinato** (5:2) - **Opresión** (12:7) - **Libertinaje** (no contenido por ley o moralidad) (12:11)

NOTAS PERSONALES PARA MI ESTUDIO BÍBLICO

EL LIBRO DE JOEL

ORDEN EN EL ANTIGUO TESTAMENTO: 29

NÚMERO DE CAPÍTULOS: 3

TIPO DE LIBRO: PROFETA MENOR

El libro menciona el nombre de su autor y el de su padre («Joel, hijo de Petuel») en Jl 1:1).
No se sabe nada sobre el profeta o su familia, solo el significado de su nombre («el Señor es Dios») y el nombre de su padre. Por su estilo de escritura y su familiaridad con la geografía de Judá podemos suponer que nació en el reino del sur, que quizás vivió en Jerusalén y que tuvo cierta preparación literaria y teológica.

AUTOR:

DESTINATARIOS:

Este profeta ministró en el reino de Judá. El mensaje de advertenc acerca de un juicio cercano estaba dirigido a los judíos de esas dos tribus del sur. Una plaga de langostas es vista como el anticip de un juicio en contra de una nación que está enredada en sus pecados y, además, como un símbolo del día del Señor.

FECHA & LUGAR:

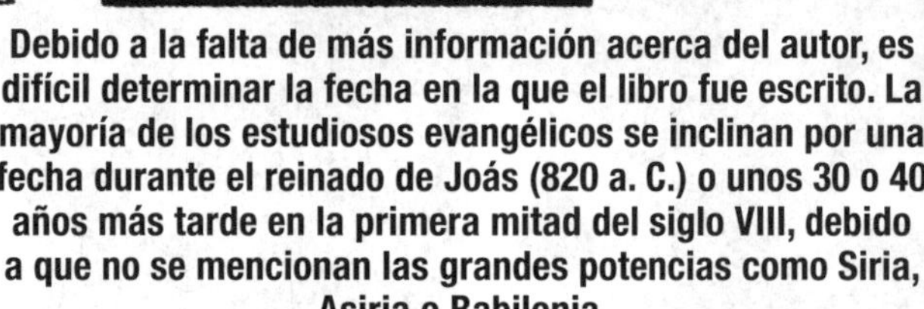

Debido a la falta de más información acerca del autor, es difícil determinar la fecha en la que el libro fue escrito. La mayoría de los estudiosos evangélicos se inclinan por una fecha durante el reinado de Joás (820 a. C.) o unos 30 o 40 años más tarde en la primera mitad del siglo VIII, debido a que no se mencionan las grandes potencias como Siria, Asiria o Babilonia.

En su lugar se mencionan enemigos del período preexílico como los filisteos, los fenicios (lee Joel 3:4), los egipcios o los edomitas (Jl 3:19). Además, el libro está colocado entre otros profetas que ministraron más o menos en ese período, como Oseas y Amós.

PROPÓSITO:

Aprovechando una tragedia nacional (una plaga de langostas que arruinó las cosechas), Joel lanza un urgente mensaje de juicio que vendrá durante «el día del Señor», un período de terribles castigos que habrá antes de la restauración final, con motivo del arrepentimiento del pueblo.

JOEL: EL JUICIO DE DIOS A TRAVÉS DE
UNA PLAGA DE LANGOSTAS

Segundo de los profetas menores, fue escrito en ocasión de **una terrible plaga de langostas** que acosó a la tierra de Israel y que hace pensar al profeta en el inminente juicio de Dios, por lo cual exhorta al arrepentimiento al pueblo y sus líderes.

LANGOSTAS:

Joel da una detallada descripción de cuatro estados de desarrollo: la *oruga* (en lenguaje técnico, larva), primera fase del desarrollo; el *saltón*, que corresponde a la ninfa con las alas más desarrolladas; el *revoltón*, con alas más crecidas, y la *langosta*, el insecto adulto (Jl 1:4, 2:25).

ORUGA

Se encarga de comer los bordes de la hoja, lo más blando y suave (empieza comiéndose la parte blanda del corazón)

SALTÓN

Se come la hoja completa (toma posesión total del corazón)

REVOLTÓN

Se come la rama, lo blando de la rama

LANGOSTA

Hace una devastación total de la cosecha (es el pecado que destruye al hombre)

I. LA PLAGA DE LA LANGOSTA: LITERAL (1-2:17)

. **La invasión de langostas / futura invasión (asirios y caldeos) (1:1-20)**
- Exhortación a la oración y a una asamblea solemne (1:13-14)
- El efecto de la plaga sobre hombres y bestias (1:15-19
- La sequía que acompaña a la plaga (1:20)

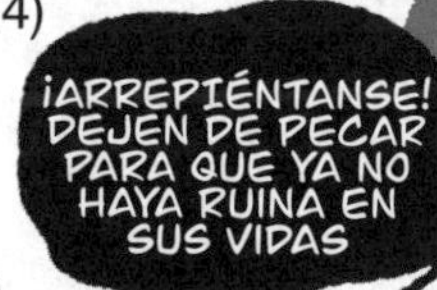

¡ARREPIÉNTANSE! DEJEN DE PECAR PARA QUE YA NO HAYA RUINA EN SUS VIDAS

. **El día de Jehová como día del juicio final (2:1-11)**

. **Llamado al arrepentimiento genuino y a la oración (2:12-17)**

II. EL DÍA DE JEHOVÁ: ESCATOLÓGICO (2:18-3:21)

A. Exterminación de las langostas (2:18-20)
B. Restauración física y sus bendiciones (2:21-27)
C. Restauración espiritual y la promesa del Espíritu Santo (2:28-32)
D. Restauración a Judá y juicio a las naciones paganas (3:1–21)

Profecía sobre el Espíritu Santo: Joel 2:28-32 (se cumple cuando el apóstol Pedro da su mensaje en Hechos 2:1-21)

NOTAS PERSONALES PARA MI ESTUDIO BÍBLICO

EL LIBRO DE AMÓS

ORDEN EN EL ANTIGUO TESTAMENTO: 30

NÚMERO DE CAPÍTULOS: 9

TIPO DE LIBRO: PROFETA MENOR

El libro mismo afirma que su autor fue «Amós, pastor de Tecoa» (Am 1:1).

Además, su libro denota que tenía cierto nivel educativo.

Cuando dice que era «pastor» y «cultivaba higueras» (Am 7:14) no quiere decir que Amós era un campesino, sino que parece que era lo que hoy llamaríamos un ranchero, dedicado a la cría de ganados y a actividades agrícolas.

REINO DEL NORTE: ISRAEL

Tecoa era un pueblo que estaba más o menos a 16 km de Jerusalén (obviamente, en Judá). Sin embargo, Dios lo envió a las tribus del norte a anunciar su mensaje, lo cual sería un desafío difícil ya que probablemente no sería bien recibido, como en efecto sucedió (Am 7:12-13).

DESTINATARIOS:

JERUSALÉN

TECOA

Durante el reinado del segundo Jeroboam, en el reino del norte hubo una época de esplendor económico y militar; sin embargo, la vida espiritual del pueblo era decadente. Entonces, Dios llama a Amós, proveniente del reino del sur, para que venga al reino del norte a denunciar el pecado y a anunciar juicio para el pueblo por sus pecados personales y sociales.

¡VACAS DE BASÁN!

¿CÓMO?

UNO SE IMAGINA A LOS MIEMBROS DE LAS FAMILIAS ACOMODADAS ESCUCHANDO CON DISGUSTO LAS MOLESTAS PALABRAS DE ESTE HOMBRE DE CAMPO.

De hecho, este es uno de los libros con más referencias al pecado social de Israel. Uno podría imaginarse a Amós anunciando juicio de Dios en los vecindarios exclusivos de Betel o de Samaria, acusando a las respetables señoras de injusticia y derroche, llamándolas «vacas» (Am 4:1) y comparando a los habitantes con peces que serán llevados por ejércitos extranjeros (Am 4:2).

AMÓS: PROFETA QUE HABLA SOBRE JUICIO
A ISRAEL Y OTRAS NACIONES
EL LIBRO TIENE 3 DIVISIONES PRINCIPALES:
El libro fue escrito alrededor del año 760 a.C., durante el reinado de Uzías en Judá y de Jeroboam II en el norte. El libro dice que Amós comenzó a ministrar "dos años antes del terremoto" (Am. 1:1), el cual ocurrió más o menos en el año 760 a.C. Con estos datos, la mayoría de expertos ubica a Amós predicando en una época de prosperidad y poder político en Israel, aunque no todos gozaban de los beneficios de estas condiciones.
JIP!
I. JUICIO CONTRA LAS NACIONES (1:1-2:16)
II. CONDENACIÓN A ISRAEL (3:1-6:14)
A. Irresponsabilidad de Israel (3:1-15)
B. Depravación de Israel (4:1-13)
C. Lamentación de Israel (5:1-6:14)
A. Damasco, 1:3–5
D. Edom, 1:11–12
B. Filisteo, (Gaza) 1:6–8
C. Tiro, 1:9–10
E. Amón, 1:13–15
F. Moab, 2:1–3
G. Judá, 2:4–5
H. Israel, 2:6–16
III. VISIÓN DEL DESTINO DE ISRAEL (7:1-9:15)
C. Visión de la plomada: todo quedará aplanado (7:7-9)
B. Visión del fuego consumiendo (7:4-6)
D. Visión de la canasta de fruta madura: el final se aproxima (8:1-14)
A. Visión de las langostas devorando, 7:1–3
E. Visión del altar, destrucción del templo de Betel (9:1-10)
F. La promesa de bendición y restauración mesiánica futura en el milenio (9:11-15)

NOTAS PERSONALES PARA MI ESTUDIO BÍBLICO

EL LIBRO DE ABDÍAS

ORDEN EN EL ANTIGUO TESTAMENTO: 31

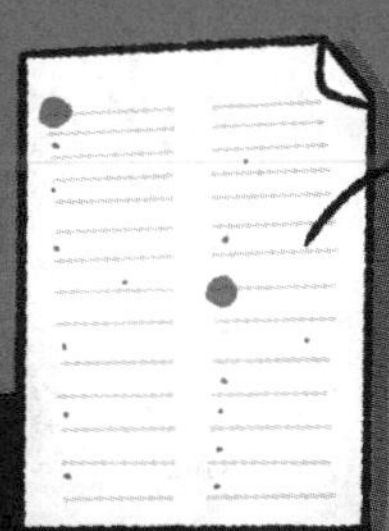

NÚMERO DE CAPÍTULOS: 1

TIPO DE LIBRO: PROFETA MENOR

AUTOR:

El libro se presenta como la visión de Abdías. Eso es lo único que sabemos de este profeta.

Aunque hay una larga referencia a Edom, lo más probable es que el libro fue escrito para que fuese leído por los judíos que ya estaban sufriendo el exilio o que habían quedado viviendo de manera precaria en las ruinas de Jerusalén. Era la forma de decirles que el Señor seguía estando en control y que, aunque la invasión de los caldeos fue permitida por Dios, de todas maneras, él pediría cuentas a aquellos involucrados en la destrucción de su pueblo.

DESTINATARIOS:

FECHA & LUGAR:

La gravedad de la tragedia de Judá sugiere que la destrucción de esa nación es la que sufrió a manos de los caldeos en el año 586 a. C., y eso hace pensar que el libro fue terminado poco después de ese evento. En cuanto al lugar en el que fue escrito, es posible que Abdías haya escrito este libro en lo que quedaba de Jerusalén.

PROPÓSITO:

Los edomitas eran descendientes de Esaú, hermano de Jacob, por lo que ellos y los judíos eran parientes cercanos. Cuando Judá es destruido por sus enemigos (posiblemente Babilonia), los edomitas, en lugar de ayudar a sus hermanos, se alegraron y ayudaron a exterminarlos. Abdías es el profeta enviado por Dios a denunciar esta actitud poco misericordiosa por parte de Edom.

¡JA, JA, JA! VEAN QUÉ MAL ESTÁN LOS JUDÍOS...

ABDÍAS, EL PROFETA QUE NOS ENSEÑA SOBRE ORGULLO & HUMILDAD

Este libro fue escrito con el propósito de proclamar la soberanía de Dios sobre todos los pueblos, lo cual le da el derecho de condenar a las naciones orgullosas y autosuficientes como Edom, y además le da el derecho de restaurar a su pueblo Israel y tomar el reino en sus manos.

LOS EDOMITAS PROVINIERON DE ESAÚ, EL HERMANO MELLIZO DE JACOB

¡HOLA, HERMANITO!

¡TE ODIO!

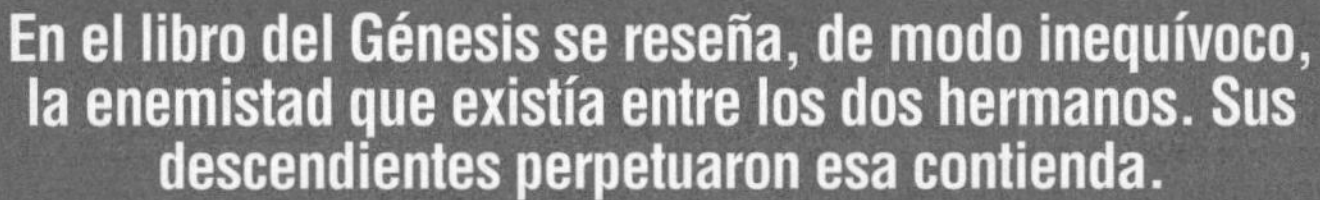

En el libro del Génesis se reseña, de modo inequívoco, la enemistad que existía entre los dos hermanos. Sus descendientes perpetuaron esa contienda.

Por su parte, Edom se transformó muy pronto en una nación poderosa (véase Génesis 36, Éxodo 15:15 y Números 20:14). Cuando los israelitas subieron de la tierra de Egipto, los edomitas les negaron el paso a través de su territorio (Números 20:20, 21). Sin embargo, Dios le ordenó a Israel que tratara a Edom como a su hermano (Deuteronomio 23:7, 8). No obstante, el odio de Edom (que tipifica muy bien la carne con sus deseos, que no piensa en las cosas de la vida espiritual) por Israel persistió, como queda ampliamente demostrado en las escrituras del Antiguo Testamento.

Ahora le es dado a Abdías que pronuncie el mensaje de Dios de juicio final sobre este incorregible enemigo de su pueblo.

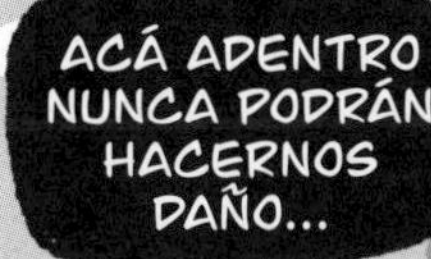
ACÁ ADENTRO NUNCA PODRÁN HACERNOS DAÑO...

Toda la injuria de Edom y su violencia (1:10), la actitud hostil hacia Judá (1:11), la alegría por la calamidad de Judá (1:12) y el maltrato e impedimento de Edom para que Judá escape de sus enemigos (1:14), hicieron que sobre Edom cayera el juicio de Dios.

Edom estaba confiada en que nunca sería destruida por el hecho de vivir en ciudades fortificadas y rocosas (Petra, la ciudad capital), pero Dios con su poder los derribaría.

NOTAS PERSONALES PARA MI ESTUDIO BÍBLICO

EL LIBRO DE JONÁS

ORDEN EN EL ANTIGUO TESTAMENTO: 32

NÚMERO DE CAPÍTULOS: 4

TIPO DE LIBRO: PROFETA MENOR

El libro mismo no dice quién es su autor, pero la opinión tradicional (poco discutida) ha sido que Jonás escribió este libro.
2 Reyes 14:25 parece sugerir que este profeta fue contemporáneo con el rey Jeroboam II de Israel y que era originario de Gat Jefer, una villa cerca de Nazaret, perteneciente a la tribu de Zabulón.
AUTOR:
Jonás
II REYES
JONÁS
LA BIBLIA
CALENDARIO
FECHA & LUGAR
El libro se escribió aproximadamente en el año 760 a. C. y el profeta ministró durante el tiempo de Jeroboam II (2 R 14:25-27), entre los años 790 y 750 a. C.
Su mensaje al pueblo de Nínive (capital del imperio asirio) se sintetiza en solo un versículo (3:4).
Es el único libro que se ocupa más del profeta que de la profecía.
Su narración es histórica y Jesús lo menciona como ilustración de su muerte y resurrección (Mateo 12:38-42)
MENSAJE ¡PARA NÍNIVE!
JONÁS 2
Al capítulo 2 se lo ha llegado a llamar el salmo de Jonás, por la oración de un hombre salvado de morir ahogado.
PROPÓSITO:
Enseñar ante todo que los designios misericordiosos de Dios no tienen que ver exclusivamente con los hijos de Abraham, sino también con otras naciones.
El enfoque se encuentra en la ciudad gentil, que fue fundada por Nimrod, el bisnieto de Noé (Gn 10:6-12). Probablemente fue la ciudad más grande en el mundo antiguo (Jonás 1:2; 3:2, 3; 4:11), pero aun así fue destruida en el 612 a. C., ciento cincuenta años después del arrepentimiento de la generación en el tiempo que les predicó Jonás, tal como Nahúm profetizó del 1:1 en adelante.

NOTAS RELEVANTES DEL LIBRO DE JONÁS

1. Jonás 1:1-2. Jonás no habla mucho de la maldad de Nínive, pero el profeta Nahum sí lo hace: pensar cosas malas contra Dios (Nahúm 1:9), explotar al desvalido (Nahúm 2:12), ser cruel en la guerra (Nahúm 2:12,13), adorar ídolos, prostitución y brujería (Nahúm 3:4).

2. Jonás 1:4-12. La desobediencia de Jonás puso en peligro la vida de la tripulación del barco.

3. Jonás 2:1-7. Esta es una oración de agradecimiento y no una petición de liberación.

4. Jonás 3:1-2. Jonás debía predicar solo lo que Dios le indicase, y ese era un mensaje de condenación contra una de las ciudades más poderosas del mundo; por lo tanto, no era una tarea agradable para Jonás.

5. Jonás 3:10. El pueblo pagano de Nínive creyó el mensaje de Jonás y se arrepintió, y entonces Dios respondió con misericordia y canceló el castigo.

6. Jonás 4:1. ¿Por qué se enojó tanto Jonás? Porque los judíos de la época de Jonás no querían compartir el mensaje de Dios con naciones gentiles.

7. Jonás 4:3-11. Jonás se preocupa más de su reputación que de la de Dios, pero Dios trató al profeta con ternura.

NOTAS PERSONALES PARA MI
ESTUDIO BÍBLICO

EL LIBRO DE MIQUEAS

ORDEN EN EL ANTIGUO TESTAMENTO: 33

NÚMERO DE CAPÍTULOS: 7

TIPO DE LIBRO: PROFETA MENOR

El libro atestigua que el autor es Miqueas de Moréset, un pueblo a unos 35 km al suroeste de Jerusalén. No hay más datos acerca de su familia o su trasfondo, aunque algunos suponen que era un campesino o artesano.

AUTOR:

Miqueas

Un siglo después, el libro de Jeremías recuerda el valor de este profeta, el cual fue uno de los responsables del avivamiento que ocurrió bajo el rey Ezequías (lee Jer 26:17-19).

JERUSALÉN

MORÉSET

DESTINATARIOS:

Aunque el libro se dirige «a todos los pueblos» (Miq 1:2), el mensaje más específico es dirigido a los líderes y a los pueblos de los dos reinos (el de Israel al norte y el de Judá al sur). Incluso a veces se dirige a ambos aparentemente como un solo pueblo, llamándolos «Jacob» o «Israel», ya que Dios los considera a ambos culpables por su pecado (Miq 1:5).

En algunas secciones, Miqueas se dirige a grupos específicos de la nación, como los ricos (Miq 2:1-2) y el liderazgo religioso (Miq 3:11).

FECHA & LUGAR:

Miqueas profetizó durante el reinado de Jotán, Acaz y Ezequías (740-690 a. C.); sin embargo, la fecha de escritura de este libro e antes de la caída de Samaria bajo el poder de los asirios (año 72 a. C.). En cuanto al lugar de escritura, es probable que lo haya escrito en Jerusalén, a la cual le dirigió muchas de sus palabras aunque también profetizó contra los pecados del reino del norte

PROPÓSITO:

Se escribió para revelar:

- Que tanto el reino del norte como el del sur están destinados a experimentar la ira de Dios.
- Que después de sufrir el castigo, la nación será restaurada y eventualmente llegará el esperado Mesías.
- Que el nombre de Miqueas expresa una amonestación al pueblo de Dios a que permanezca fiel.

Miqueas en hebreo es ***Mi-ka-Yahu***, que quiere decir **«¿Quién es como Jehová?».**

MIQUEAS, EL PROFETA QUE ANUNCIA JUICIO A LOS REINOS DEL NORTE Y DEL SUR

Miqueas profetizó en Jerusalén y era el contemporáneo más joven de Isaías (comparar Isaías 1:1 con Miqueas 1:1)

En Miqueas hay algunos pasajes paralelos a los de Isaías, sobre todo Miqueas 4:1-5 con Isaías 2:2-4.

Jeremías cita a Miqueas (Miq 3:12 en Jer 26:18-19) **y nuestro Señor Jesucristo también** (Miq 7:6 en Mt 10:35-36).

El mensaje de Miqueas se refiere al juicio que vendría sobre Samaria y Jerusalén. Las profecías de este libro están dirigidas sobre todo a las ciudades capitales como centros de influencia de toda la nación. Los versículos 1 y 5 del capítulo 1 indican que se tienen en perspectiva tanto el reino del norte como el del sur.

LOS «LUGARES ALTOS» ERAN SITIOS EN LAS MONTAÑAS Y LOS COLLADOS DONDE SE ERIGÍAN ALTARES PARA LOS SACRIFICIOS A LOS ÍDOLOS (2 REYES 12:3; 14:4; EZEQUIEL 6:6).

Las capitales eran las sedes de la corrupción tanto en el reino del norte como en el del sur. Samaria y Jerusalén eran núcleos de corrupción.

N

EL MESÍAS ANUNCIADO: EL VERSÍCULO CLAVE DE TODO EL LIBRO ES MIQUEAS 5:2. LA PRIMERA PROFECÍA MESIÁNICA TIENE LUGAR EN UNA ESCENA PASTORIL: LUEGO DE QUE SU PATRIA SEA PROFANADA Y DESTRUIDA, UN REMANENTE DE LOS CAUTIVOS SERÍA REUNIDO COMO OVEJAS ENCERRADAS EN UN APRISCO.

NOTAS PERSONALES PARA MI
ESTUDIO BÍBLICO

EL LIBRO DE NAHÚM

ORDEN EN EL ANTIGUO TESTAMENTO: 34

NÚMERO DE CAPÍTULOS: 3

TIPO DE LIBRO: PROFETA MENOR

AUTOR:

Del profeta Nahúm no se tienen muchos datos personales. Se sabe que era de Elcós, posiblemente una aldea de Galilea.

Algunos creen que nació en esa aldea pero que residió en Capernaúm, que significa «aldea de Nahúm»; sin embargo, no hay evidencias de ello. Se trata de un autor especialmente dotado para escribir poesía.

DESTINATARIOS:

La ciudad de Nínive, capital de Asiria, había experimentado un avivamiento espiritual en la época de Jonás. Más de cien años después, la ciudad se había olvidado de Dios y había vuelto por e camino del orgullo y la crueldad, al igual que todo el imperio asiri Dios envía al profeta Nahúm para proclamar el destino trágico qu le esperaba a esta ciudad debido a sus múltiples pecados.

Los lectores originales serían los habitantes de Judá quienes se preguntaban si Dios aún estaba con ellos y si era soberano sobre las naciones. Por supuesto, la respuesta de Nahúm fue un rotundo sí.

MARCO HISTÓRICO:

En 625 a. C., el rey Nabopolasar funda el imperio neobabilónico, que domina la escena por tres cuartos de siglo. El último enemigo que somete es la decadente Asiria, a la que Egipto se había aliado. La caída de Nínive sella la derrota final del imperio asirio que había ejercido su brutal dominación en toda la región, y es por ello celebrada en todo el Medio Oriente como una liberación. El libro de Nahúm describe y celebra esa caída, interpretándola para el pueblo de Judá.

¡NÍNIVE!

FECHA & LUGAR:

El libro menciona la destrucción de la ciudad de Tebas, la cual ocurrió en el año 663 a. C., lo que significa que la fecha de composición del libro puede ser ubicada entre ese año y la caída de Nínive a manos de Babilonia (612 a. C.).

DATOS RELEVANTES DEL LIBRO DEL PROFETA NAHÚM

PROPÓSITO:

Nahúm enseña que el soberano Señor de la historia es justo y castiga todos los pecados. Aunque es misericordioso, él no olvida la iniquidad, y el juicio es lo que le espera a Nínive. Ahora ya no es tiempo de arrepentimiento, sino de castigo por el pecado. A la vez, el autor busca consolar a Judá, recordándole que el Señor cuida de su pueblo.

YA SE LOS HABÍA ADVERTIDO

No fue a advertir o llamar al arrepentimiento a los ninivitas, puesto que Dios ya le había enviado al profeta Jonás ciento cincuenta años antes para decirles lo que sucedería si ellos continuaban en sus malos caminos (todos los ninivitas se arrepintieron en ese tiempo).

Pero ahora vivían nuevamente de la forma más impía: volvieron a la idolatría, la violencia y la arrogancia, y por eso Nahúm pronuncia el juicio a los asirios, que recibirían justo lo que se merecían.

EL PECADO DE NÍNIVE:

Volver a la idolatría, la violencia y la arrogancia (3:1-4)

El imperio asirio estaba en la cúspide de su poder y sus fronteras se extendían hasta Egipto, entonces Dios derrotó a Nínive bajo el poder ascendente del rey de Babilonia (Napolasar y su hijo Nabuconodosor).

NAHÚM:

NAHÚM CONSTITUYE UNA SECUELA AL LIBRO DE JONÁS, QUIEN HABÍA PROFETIZADO UN SIGLO ANTES.

SU NOMBRE APARECE EN LA PALABRA CARPENAÚM, QUE SIGNIFICA «PUEBLO DE NAHÚM», FAMOSA MÁS TARDE COMO ESCENARIO DEL MINISTERIO DE JESÚS.

NAHÚM FUE CONTEMPORÁNEO DE SOFONÍAS, QUIEN PROFETIZÓ LA RUINA DE NÍNIVE (SOFONÍAS 2:13-15)

¡SABÍA QUE SUCEDERÍA!

NAHÚM NOS RECUERDA EL CARÁCTER DE DIOS CUYA HISTORIA SE CUENTA EN LA BIBLIA: UN DIOS DE BONDAD Y DE SALVACIÓN, PERO TAMBIÉN UN DIOS DE JUSTICIA Y JUICIO.

NOTAS PERSONALES PARA MI ESTUDIO BÍBLICO

EL LIBRO DE HABACUC

ORDEN EN EL ANTIGUO TESTAMENTO: 35

NÚMERO DE CAPÍTULOS: 3

TIPO DE LIBRO: PROFETA MENOR

Poco sabemos acerca del profeta Habacuc, aunque es posible que haya tenido algo de relación con los músicos del templo (3:19). Fue contemporáneo de los profetas Jeremías, Ezequiel, Daniel y Sofonías.

AUTOR:

Habacuc

DESTINATARIOS:

1. Este profeta ministró en una época muy turbulenta de Judá. Babilonia había conquistado la ciudad de Nínive, capital de Asiria (612 a. C.), levantándose como la nueva gran potencia de la región. En Judá, mientras tanto, murió el buen rey Josías (509 a. C.).

2. Por su parte, 2 Reyes 23:34-37 registra que, en un esfuerzo por fortalecerse militarmente, el egipcio Faraón Necao impuso a Joacim como rey de Judá (reinó entre los años 609-598 a. C.), el cual resultó ser ambicioso y corrupto.

3. Judá se volvió a la idolatría (Ez 8:9-12). Para este pueblo pecador es que Habacuc escribió su libro. Las condiciones espirituales del pueblo ya eran insostenibles, por lo cual el juicio ya es inminente: Dios ha decidido castigar a su pueblo mediante los caldeos.

FECHA & LUGAR:

La fecha más probable en la que fue escrito el libro es el 609 a. C., después que los caldeos conquistaran Nínive (612 a. C.) pero antes de la primera invasión de Judá por parte de esta misma potencia (605 a. C.).

En cuanto al lugar, la mención del templo (Hab 2:20; 3:19) confirma que el libro fue escrito en Jerusalén.

SU LIBRO SE ESCRIBIÓ CON EL PROPÓSITO DE ASEGURAR QUE EL PECADO DE JUDÁ SERÍA CASTIGADO UTILIZANDO EL PODER DE LOS BABILONIOS, Y QUE QUIENES CONFIARAN EN EL SEÑOR SERÍAN PRESERVADOS

LAS CUESTIONES DE LA FE EN EL LIBRO DEL PROFETA HABACUC

El profeta nos muestra cómo resolvió su problema de fe frente a las aparentes dificultades que obstaculizan el cumplimiento de las promesas de Dios. Estas dificultades son abordadas y solucionadas a la luz de la permanente revelación de Dios, y el profeta cierra su profecía con un salmo de gozosa confianza.
FE
PASAJE CLAVE: HABACUC 2:4
¿POR QUÉ?
1. ¿POR QUÉ UN DIOS SANTO GUARDA SILENCIO Y PERMITE QUE LA IMPIEDAD PROGRESE SIN BARRERAS? (1:2-4)
1. LOS CALDEOS SON MI INSTRUMENTO PARA DISCIPLINAR A JUDÁ (1:5-11)
2. ¿POR QUÉ UN DIOS FUERTE PERMITE QUE UNA NACIÓN MALVADA TRIUNFE SOBRE SU PUEBLO? (1:12-2:1)
2. LOS CALDEOS TAMBIÉN SERÁN JUZGADOS POR SU MALDAD (2:2-20)

LAS QUEJAS DE HABACUC

3. …pero Dios sabe lo que hace:

LA RESPUESTA FINAL DE DIOS (3:3-15)

LA CONTESTACIÓN DE HABACUC (3:16-19)

Conocido como el salmo de Habacuc

NOTAS PERSONALES PARA MI ESTUDIO BÍBLICO

EL LIBRO DE SOFONÍAS

ORDEN EN EL ANTIGUO TESTAMENTO: 36

NÚMERO DE CAPÍTULOS: 3

TIPO DE LIBRO: PROFETA MENOR

AUTOR:

Sofonías

¡ESO ES MÍO!

¡SOFONÍAS ES FAMILIA MÍA!

Sofonías fue el autor de este libro. Su nombre significa «protegido por el Señor» o «tesoro de Jehová».

SOFONÍAS

No es común que un profeta registre su genealogía hasta cuatro generaciones previas, por lo que Ezequías (mencionado en el primer versículo) debía ser una persona de mucha importancia; por esto, puede decirse que Sofonías era posiblemente descendiente del famoso rey de Judá.

DESTINATARIOS:

¡PERO SI EN JUDÁ LA ESTAMOS PASANDO BIEN! ¡SALUD!
¡SALUD! HIP!

Las profecías de Sofonías fueron dirigidas al pueblo de Judá, el cual estaba sumido en una situación espiritual y moral deplorable. Su reclamo profético lo hace a las personas comunes y corrientes, pero especialmente a los líderes (1:4-6, 9; 3:1-4).

FECHA & LUGAR:

Sofonías profetizó en los días que gobernó en Judá el rey Josías (2 R 21:23-24). Antes de su reinado, los asirios habían convertido a la nación en una de sus colonias (2 R 18:13), de modo que cuando Josías llegó al trono, se encontró con un pueblo que casi había olvidado a Dios y había adoptado mucho de la cultura y dioses de sus colonizadores. La profecía de Sofonías fue dada un poco antes de la reforma que hizo el rey Josías (año 621 a. C.). Los estudiosos calculan que profetizó en el año 625 a. C. El lugar desde el que se escribió el libro es la ciudad de Jerusalén.

¿CUÁL DIOS?

PROPÓSITO:

Anunciarle a Judá el juicio de Dios en el día de la ira de Jehová, para purificarla y preservarla a través de la inminente destrucción que causaría Babilonia.

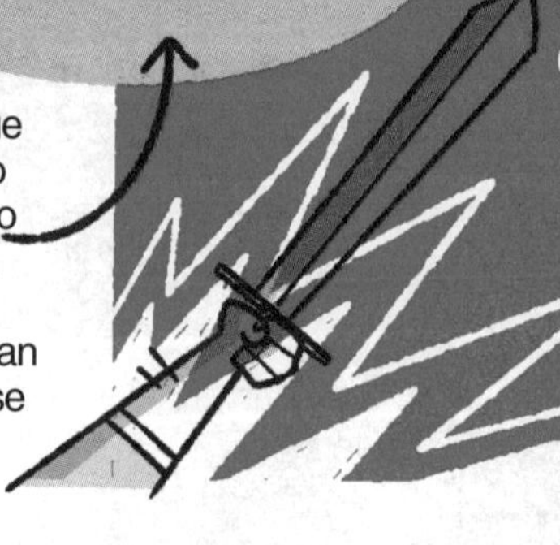

CINCO SECCIONES PARA ESTUDIAR EL LIBRO DEL PROFETA SOFONÍAS

El libro de Sofonías no solo revela el castigo venidero sobre Judá, sino que también advierte el castigo que vendrá sobre otras naciones. El profeta entregó el mensaje de Dios a Judá aproximadamente veinte años antes de la cautividad babilónica.

1. UNA DETERMINACIÓN DE DIOS: EJECUTAR JUICIO (1)

a. Sobre toda la tierra (vv. 2, 3)

b. Sobre Judá y Jerusalén (vv. 4-6)

c. Presenta el día de ehová bajo la figura de un sacrificio (vv. 7-13)

. Los convidados: los nemigos de Judá (los babilonios - v. 7)

ii. Las víctimas: los impíos de Judá (vv. 8-13)

2. UN LLAMADO A JUDÁ: ARREPENTIMIENTO (2:1-3)

a. Si buscan a Jehová, serán guardados en el día del enojo.

¡ARREPIÉNTETE!

3. UNA CONDENACIÓN PARA LAS NACIONES GENTILES (2:4-15)

a. Los filisteos (vv. 4-7)

b. Los moabitas (vv. 8-11)

c. Los etíopes (v. 12)

d. Los asirios (vv. 13-15)

4. UN LAMENTO PRONUNCIADO: «SOBRE JERUSALÉN» (3:1-7)

Por su desobediencia, inestabilidad, incredulidad e impenitencia (vv. 1, 2)

5. UN MENSAJE DE CONSUELO PARA EL REMANENTE FIEL (3:8-20)

a. Mensaje de destrucción de los gentiles impíos (v. 8)

b. Mensaje de conversión de las naciones (v. 9)

c. Mensaje de restauración de Israel dispersado (vv. 10-13)

d. Mensaje de gozo por la segunda venida de Cristo (vv. 14-17)

e. Mensaje de lo que Dios hará por su pueblo (vv. 18-20)

NOTAS PERSONALES PARA MI ESTUDIO BÍBLICO

EL LIBRO DE
HAGEO

ORDEN EN EL ANTIGUO TESTAMENTO: 37

NÚMERO DE CAPÍTULOS: 2

TIPO DE LIBRO: PROFETA MENOR

AUTOR:

Hageo es el primero de los profetas menores llamados *posexílicos*, ya que sus profecías son dirigidas al pueblo que ha regresado a la tierra después del cautiverio de setenta años en Babilonia.

El rey pagano Ciro de Persia afirmó que Dios le había mandado que le edificara casa en Jerusalén, y decidió enviar a los cautivos que eran originarios de Judá para realizar esta tarea (lee Esd 1:1-4). El primer grupo de cincuenta mil judíos regresó en el año 538 a. C. (Esd 2:64,65). Ese era el cumplimiento de la promesa hecha a Judá de que después de setenta años regresarían a su tierra (lee Jer 29:10).

Poco sabemos del profeta Hageo, no mucho más que su nombre al inicio del libro (Hag 1:1). Este profeta es mencionado en varios escritos apócrifos del período intertestamentario como 2 Esdras y Eclesiástico, lo cual indica que llegó a ser muy apreciado por los judíos.

DESTINATARIOS:

Dos años después de haber regresado a su amada tierra, los judíos comenzaron la reconstrucción del templo pero se desanimaron por la oposición, y la obra permaneció quince años sin avanzar (Esd 4:4,5).

Dios levantó al profeta Hageo para animarlos a continuar la construcción de la casa del Señor. Para ellos fue escrito este pequeño pero potente libro.

FECHA & LUGAR:

El libro mismo establece la fecha de su escritura: en el año segundo del rey Darío, es decir, el año 520 a. C., unos dieciocho años después del primer regreso de los judíos a su tierra. La ciudad en la que fue escrito fue Jerusalén.

LAS CUATRO APELACIONES QUE HACE EL PROFETA HAGEO EN SU LIBRO

El propósito del libro es animar a la construcción del templo. El mensaje de parte de Dios era bastante sencillo: «Reconstruyan mi casa» (Hag 1:8).

PRIMERA APELACIÓN: HAGEO 1:1-15

Exhorta al pueblo a edificar la casa de Dios. Ciro les ordena que reedifiquen el templo, no la ciudad; entonces, Zorobabel y Josué el sacerdote comienzan con el pueblo a reedificar.

LOS ENEMIGOS ACTÚAN DENUNCIÁNDOLOS Y ATEMORIZÁNDOLOS, EL PUEBLO SE DESANIMA Y COMIENZAN A TRABAJAR EN SUS PROPIAS CASAS.

¡¡MANOS A LA OBRA!!

SEGUNDA APELACIÓN: HAGEO 2:1-9

Se da aliento para los que reedificaban el templo. Los ancianos podían recordar la increíble belleza del templo de Salomón, destruido 66 años antes. Muchos se desalentaron debido a que la reconstrucción era inferior a la de Salomón.

HAGEO LOS ALENTÓ CON UN MENSAJE DE DIOS QUE REVELABA QUE EL ESPLENDOR DE SU TEMPLO SOBREPASARÍA EL DEL ANTERIOR...

...PORQUE LA PARTE MÁS IMPORTANTE DEL TEMPLO ERA LA PRESENCIA DE DIOS.

CUARTA APELACIÓN: HAGEO 2:20-23

Un mensaje del profeta sobre el reclamo de santidad.

El profeta Hageo termina su libro con un mensaje de victoria (Hag 2:23).

PROFECÍA DADA A ZOROBABEL, REPRESENTANTE DE LA DINASTÍA DAVÍDICA, A QUIEN SE LE PROMETIÓ UN LINAJE REAL ETERNO (2 SAMUEL 7:16)

TERCERA APELACIÓN: HAGEO 2:10-19

Hageo da el tercer mensaje sobre fuerzas en el desánimo (Hag 2:4,7-9).

ESFUÉRZATE PORQUE MI ESPÍRITU ESTÁ CON USTEDES; NO TEMAN, FALTA POCO Y VENDRÁ EL DESEADO Y LLENARÁ DE GLORIA ESTA CASA Y DARÉ PAZ.

LOS TRES TEMPLOS MENCIONADOS:

PRIMER TEMPLO:
construido por el rey Salomón (**Hag 2:3**, 1 Cr 22:1-10).

SEGUNDO TEMPLO:
construido en tiempos de Zorobabel y el profeta Hageo (**Hag 2:3**).

TERCER TEMPLO:
el que se ha de construir (**Hag 2:7-9**, Ez 10).

NOTAS PERSONALES PARA MI ESTUDIO BÍBLICO

EL LIBRO DE ZACARÍAS

ORDEN EN EL ANTIGUO TESTAMENTO: 38

NÚMERO DE CAPÍTULOS: 14

TIPO DE LIBRO: PROFETA MENOR

Este profeta provenía de una familia sacerdotal. Su abuelo, Idó, fue uno de los sacerdotes que retornó de Babilonia (Nehemías 12:1-4).

Así que, por linaje, Zacarías era sacerdote y por llamado era también profeta (Esdras 5:1), como Ezequiel y Jeremías.

APARENTEMENTE ERA MUY JOVEN CUANDO COMENZÓ SU MINISTERIO (LEE ZAC 2:4), AL IGUAL QUE DANIEL Y JEREMÍAS.

AUTOR:

Zacarías

HIJO DE BEREQUÍAS

DESTINATARIOS:

Zacarías proclamó su mensaje a los judíos que habían regresado bajo el liderazgo de Zorobabel a su tierra. Su ministerio comenzó casi al mismo tiempo que el de Hageo. Sin embargo, mientras este hizo un llamado a poner en orden las prioridades del pueblo, Zacarías entregó un mensaje de compromiso con Dios y, a la vez, de consuelo y ánimo en forma de visiones proféticas acerca del futuro.

En el libro hay, además, mensajes específicos para:

EL LÍDER CIVIL ZOROBABEL (ZAC 4:6-7)

EL SUMO SACERDOTE JOSUÉ (ZAC 3:8-9)

LOS SACERDOTES COMO LÍDERES ESPIRITUALES DEL PUEBLO (ZAC 7:4-5)

FECHA & LUGAR:

Dos meses después de que Hageo finalizara su profecía, Dios también le habló al pueblo a través del profeta Zacarías exactamente en el mes octavo que es octubre-noviembre (Zac 1:1). Así, entonces, la fecha de los primeros ocho capítulos del libro es la misma que la de Hageo: 520 a. C. Los capítulos 9-14 son posteriores; quizás cerca del año 480 a. C.

Zacarías se encontraba en Jerusalén cuando escribió su libro.

VISIONES, SACERDOCIO Y EL MESÍAS EN

EL LIBRO DE ZACARÍAS

Zacarías, que significa «YAHWEH recuerda», fue llamado al ministerio profético meses después que Hageo y con la misma misión que este: animar al pueblo en la reconstrucción del templo y la nación (Esd 6:14).

EL LIBRO DE ZACARÍAS PUEDE DIVIDIRSE EN 8 VISIONES QUE EL PROFETA RECIBIÓ:

PRIMERA VISIÓN:
los caballos (1:7–17), veloces e infatigables. **Dios está atento a lo que sucede en la tierra.**

SEGUNDA VISIÓN:
los cuatro cuernos y los cuatro carpinteros (1:18–21). **Cada potencia o cada nación que disperse a Judá será destruida.**

TERCERA VISIÓN:
el varón con el cordel de medir (2). **Confirmando la primera visión: reedificación de la ciudad.**

CUARTA VISIÓN:
el sumo sacerdote Josué y Satanás (3). **La gracia de Dios arranca del fuego del juicio al sacerdocio.** Anuncia el reinado mesiánico.

QUINTA VISIÓN:
el candelero de oro y los dos olivos (4).**La luz del testimonio no se apagará.** Los dos olivos representan a Josué y a Zorobabel, instrumentos de Dios en el plano político.

SEXTA VISIÓN:
el rollo volador (5:1-4). **Símbolo de la palabra de Dios que juzga y destruye la maldad.**

SÉPTIMA VISIÓN:
la mujer en un recipiente (5:5-11). **La iniquidad, personificada por la mujer, es arrojada de la nación.**

OCTAVA VISIÓN:
los cuatro carros –cuatro vientos– (6:1-8). **El Señor cumplirá totalmente el plan bosquejado en las visiones anteriores.**

PROFECÍA MESIÁNICA QUE ANIMA A RECONSTRUIR EL TEMPLO:

JOSUÉ: Como sumo sacerdote, representaba ante Dios a los deportados retornados del exilio y recibió la seguridad del socorro divino (Zac 3:1-9; 6:11-13). Su nombre, su obra de restauración del templo y las dos profecías de Zacarías acerca de él lo hacen un tipo de Cristo.

ZACARÍAS DICE ACERCA DE JOSUÉ:

1. Otro nombre para Josué era «Renuevo» (Zac 6:12)
2. Zacarías habló de que Dios quería que Josué se sentara en un trono, lo cual lo convertiría en rey-sacerdote (los deberes de dos personas en una sola) (Zac 6:13)
3. Dios dijo a Zacarías que vendría el día en que Judá mirará al que traspasaron y se lamentará por él como por un hijo (Zac 12:10)

CONEXIÓN CON JESÚS:

1. «Renuevo» era un nombre empleado usualmente para el rey que había de venir (Jn 15:5, Is 4:2, Jer 23:5)
2. Exactamente como Jesucristo: sacerdote y rey, como lo mencionan Heb 4:14-46, 1 Ti 6:15 y Ap 1:5.
3. Es Jesús crucificado, que fue traspasado y llorado.

NOTAS PERSONALES PARA MI
ESTUDIO BÍBLICO

EL LIBRO DE MALAQUÍAS

ORDEN EN EL ANTIGUO TESTAMENTO: **39**

NÚMERO DE CAPÍTULOS: **4**

TIPO DE LIBRO: **PROFETA MENOR**

AUTOR:

Malaquías

Del autor no se sabe absolutamente nada más que el significado de su nombre: «mensajero» o «mi mensajero».

ANTIGUO TESTAMENTO · MALAQUÍAS → NUEVO TESTAMENTO

Malaquías fue el último mensajero enviado al remanente de Jerusalén. Su libro es el eslabón entre el AT y el NT, y entre él y Juan el Bautista transcurren 400 años.

DESTINATARIOS:

El ministerio de Malaquías se desarrolla casi un siglo después del de Hageo. El pueblo judío que trabajó de manera tan entusiasta en Hageo había cambiado.

Quizás la espera del cumplimiento de las promesas de Zacarías les pareció muy larga, por lo que volvieron a comportarse indignamente.

520 A. C. — **HAGEO**

480 A. C. — **ZACARÍAS**

465 A. C. — **MALAQUÍAS**

Entre la audiencia del profeta estaban los cínicos, los apáticos, los mediocres, los que dudaban, los deshonestos e incluso algunos claramente impíos.

El libro fue escrito en la ciudad de Jerusalén.

Entonces Dios los reprendió a través del profeta Malaquías. En el libro hay mensajes especialmente dirigidos a los líderes espirituales del pueblo (Mal 1:6-2:9).

FECHA & LUGAR:

Su ministerio se da un poco antes de las reformas de Esdras y Nehemías (465 a. C.). Algunos incluso creen que Malaquías fue contemporáneo de Nehemías.

Dios envía un mensaje de reproche a todo su pueblo. La reprensión es presentada como si fuera un diálogo entre Dios y el pueblo. El libro hace un llamado a practicar una adoración más sincera, y a la vez que la vida de los judíos se ajuste a las demandas éticas del pacto con el Señor. Estas exigencias están basadas en una premisa teológica bastante sencilla pero profunda: «**"Yo los he amado", dice el Señor**» (Mal 1:2). A la vez, termina con una nota de esperanza, basada en la venida de Elías en el día del Señor (lee Mt 11:14; 17:12; Mr. 9:12).

NEHEMÍAS

TRES DIVISIONES PARA CONOCER MEJOR
EL LIBRO DE MALAQUÍAS

Cuando el profeta Malaquías comenzó a predicar a los israelitas se encontró con el corazón frío de la gente: eran indiferentes y apáticos. Cuando los confrontó con su pecado, ellos hicieron una serie de preguntas que revelan muchísima información acerca de su condición espiritual.

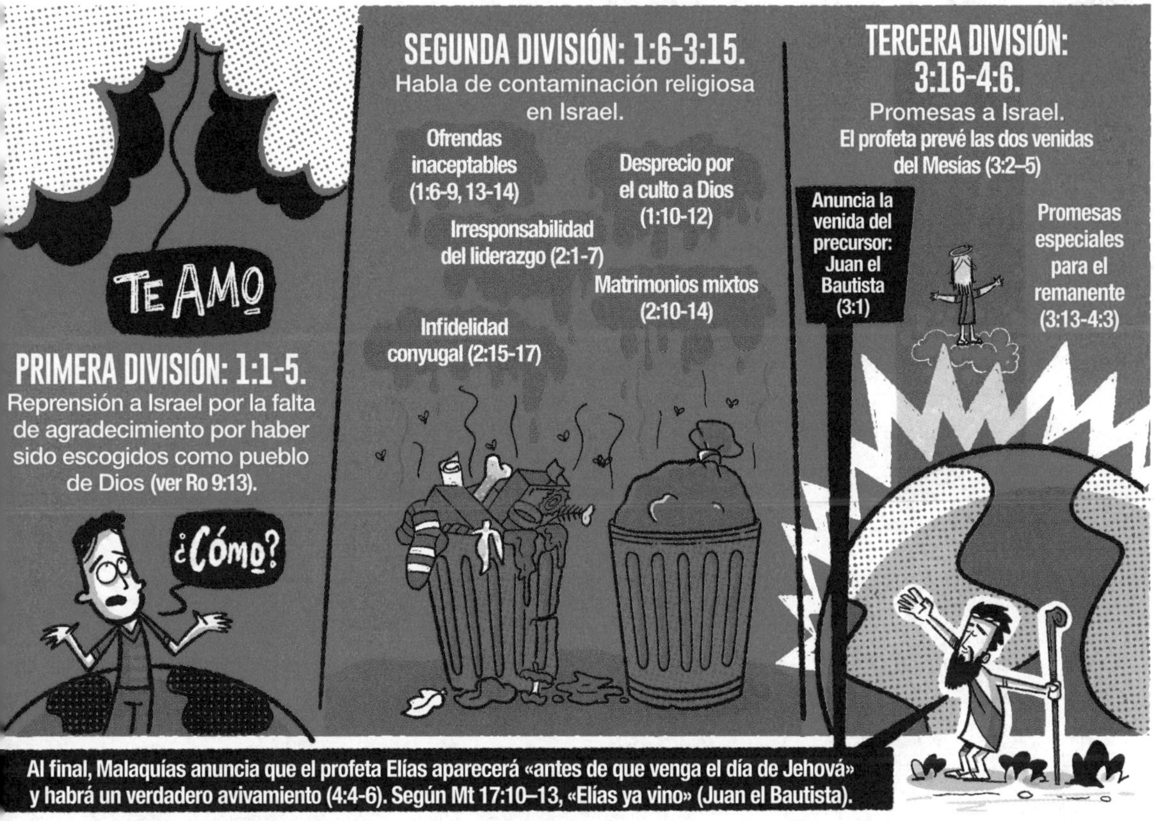

TE AMO

PRIMERA DIVISIÓN: 1:1-5.

Reprensión a Israel por la falta de agradecimiento por haber sido escogidos como pueblo de Dios (ver Ro 9:13).

¿Cómo?

SEGUNDA DIVISIÓN: 1:6-3:15.

Habla de contaminación religiosa en Israel.

- Ofrendas inaceptables (1:6-9, 13-14)
- Desprecio por el culto a Dios (1:10-12)
- Irresponsabilidad del liderazgo (2:1-7)
- Matrimonios mixtos (2:10-14)
- Infidelidad conyugal (2:15-17)

TERCERA DIVISIÓN: 3:16-4:6.

Promesas a Israel.

El profeta prevé las dos venidas del Mesías (3:2–5)

Anuncia la venida del precursor: Juan el Bautista (3:1)

Promesas especiales para el remanente (3:13-4:3)

Al final, Malaquías anuncia que el profeta Elías aparecerá «antes de que venga el día de Jehová» y habrá un verdadero avivamiento (4:4-6). Según Mt 17:10–13, «Elías ya vino» (Juan el Bautista).

¿QUÉ PASÓ DESPUÉS DE MALAQUÍAS?

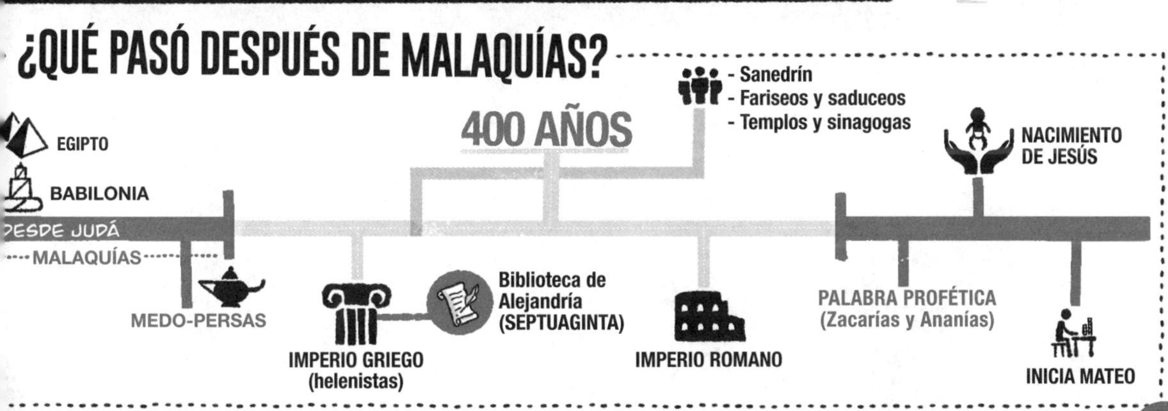

400 AÑOS

- Sanedrín
- Fariseos y saduceos
- Templos y sinagogas

NACIMIENTO DE JESÚS

MEDO-PERSAS

IMPERIO GRIEGO (helenistas)

Biblioteca de Alejandría (SEPTUAGINTA)

IMPERIO ROMANO

PALABRA PROFÉTICA (Zacarías y Ananías)

INICIA MATEO

NOTAS PERSONALES PARA MI
ESTUDIO BÍBLICO

ALGUNAS PREGUNTAS QUE DEBES RESPONDER:

¿QUIÉN ESTÁ DETRÁS DE ESTE LIBRO?

Especialidades 625 es un equipo de pastores y siervos de distintos países, distintas denominaciones, distintos tamaños y estilos de iglesia que amamos a Cristo y a las nuevas generaciones.

e625.com

¿DE QUÉ SE TRATA E625.COM?

Nuestra pasión es ayudar a las familias y a las iglesias en Iberoamérica a encontrar buenos materiales y recursos para el discipulado de las nuevas generaciones y por eso nuestra página web sirve a padres, pastores, maestros y líderes en general los 365 días del año a través de **www.e625.com** con recursos gratis.

¿QUÉ ES EL SERVICIO PREMIUM?

Además de reflexiones y materiales cortos gratis, tenemos un servicio de lecciones, series, investigaciones, libros online y recursos audiovisuales para facilitar tu tarea. Tu iglesia puede acceder con una suscripción mensual a este servicio por congregación que les permite a todos los líderes de una iglesia local descargar materiales para compartir en equipo y hacer las copias necesarias que encuentren pertinentes para las distintas actividades de la congregación o sus familias.

¿PUEDO EQUIPARME CON USTEDES?

Sería un privilegio ayudarte y con ese objetivo existen nuestros eventos y nuestras posibilidades de educación formal. Visita **www.e625.com/Eventos** para enterarte de nuestros seminarios y convocatorias e ingresa a **www.institutoE625.com** para conocer los cursos online que ofrece el Instituto E 6.25

¿QUIERES ACTUALIZACIÓN CONTINUA?

Regístrate ya mismo a los updates de **e625.com** según sea tu arena de trabajo: Niños- Preadolescentes- Adolescentes- Jóvenes.

¡APRENDAMOS JUNTOS!

e625.com /e625COM

e625

/InstitutoE625

TU MINISTERIO SUBIRÁ DE NIVEL

Instituto e625

INSCRÍBETE

Programa Completo. Educación ministerial del futuro.

PROFESORES EXPERTOS

ACCESIBILIDAD Y MOVILIDAD

FLEXIBILIDAD Y PROFUNDIDAD

METODOLOGÍA

www.InstitutoE625.com

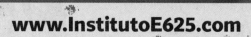